ATLANTIS

DAS VERBORGENE WISSEN
DER WELT

BASTEI
LÜBBE

Der Herausgeber der Reihe
ATLANTIS
Dr. Hans Christian Meiser
ist Philosoph, Schriftsteller und TV-Moderator

Über die Autorin:

Safi Nidiaye ist Medium, Meditationslehrerin und Schriftstellerin. Ihr intuitives Wissen vermittelt sie durch die Begegnung mit ihrem Höheren Selbst. Zu ihren Büchern gehören: *Liebe ist mehr als ein Gefühl* (Genf 1990), *Neues Wissen, neues Denken für eine bessere Zukunft* (Genf 1993), *Meditation löst Lebensprobleme* (Genf 1994), *Den Weg des Herzens gehen* (München 1996) und *Führung durch Intuition* (Kreuzlingen)

SAFI NIDIAYE

DIE STIMME DES HERZENS

DER WEG ZUM GRÖSSTEN
ALLER GEHEIMNISSE

BASTEI-LÜBBE-TASCHENBUCH
Band 70123

Originalausgabe
© 1998 by Bastei-Verlag Gustav H. Lübbe GmbH & Co.,
Bergisch Gladbach
Printed in Germany, Juni 1998
Einbandgestaltung: CCG, Köln
Titelillustration: Ender Güzey, München
Satz: Textverarbeitung Garbe, Köln
Druck und Bindung: Ebner Ulm
ISBN 3-404-70123-2

Inhalt

Anmerkung

Die kursiv gesetzten Worte, etwa »*der Geliebte*«, sind in ihrer grundsätzlichsten, archetypischen Bedeutung zu verstehen; in religiösen Begriffen ausgedrückt, würde man das Attribut »göttlich« dazusetzen: »der göttliche Geliebte«, oder: Gott in seiner Eigenschaft als der Geliebte.

Vorwort

Das verborgene Wissen der Welt«, Thema der Reihe AT-
LANTIS, für die ich dieses Buch geschrieben habe, taucht in
unserer Zeit aus dem Dunkel der Geheimhaltung auf und ge-
langt nach und nach an das Licht des allgemeinen Bewußtseins. So öffentlich jedoch die einst exklusiv esoterischen
Lehren auch werden mögen, ihr Kern wird immer ein Geheimnis bleiben. Denn im Herzen aller Mysterien stand und
steht das Herz. Und das Herz ist ein Geheimnis; der Verstand
kann es nicht begreifen, so wie die Nase das Wesen des
Klangs nicht erfassen kann. Das Geheimnis des Herzens kann
nur mit dem Herzen verstanden werden.

Deshalb habe ich mich beim Schreiben dieses Buches weniger darauf eingestellt, Informationen zu vermitteln, als vielmehr Inspirationen zu empfangen, die das Herz des Lesers
unmittelbar berühren und an die in seinen eigenen Tiefen
verborgene Wahrheit erinnern.

Wenn die Texte manchmal belehrend klingen, so liegt das
daran, daß ich mich selber habe belehren lassen. Mit dem ver-
traulichen »Du« spreche nicht ich den Leser an, sondern bin,
zugleich mit ihm, selber angesprochen.

Wer bereits das eine oder andere meiner Bücher gelesen
hat, weiß, daß ich mich darauf spezialisiert habe, Informationen aus höheren Dimensionen des Bewußtseins zu kanali-
sieren. Hier nun war es mein Wunsch, von der höchsten mir
erreichbaren Warte aus die Wahrheit über das Herz und die
Liebe zu erfahren und weiterzugeben, die uns helfen kann, aus

unseren persönlichen und kollektiven Sackgassen und Zwick-
mühlen herauszufinden.

Alle esoterischen und mystischen Lehren, alles verborgene
Wissen der Welt bringt uns nur dann weiter, wenn wir unsere
Herzen der Wahrheit öffnen und uns von ihr berühren und verwandeln lassen: der Wahrheit im Herzen dieser Lehren, der
Wahrheit im Herzen unserer Mitmenschen und in unserem
eigenen Herzen. »Und wenn ich weissagen könnte und wüßte
alle Geheimnisse und alle Erkenntnisse und hätte allen Glauben, so daß ich Berge versetzte, und hätte keine Liebe, so
wäre ich nichts.« *Apostel Paulus im 1. Brief an die Korinther.*

Einleitung

Seit uralten Zeiten ist das Geheimnis des Herzens jeweils nur einigen wenigen Eingeweihten bekannt. Es ist in seiner Tiefe so unendlich einfach und so schön, daß es sich in Worten nicht sagen, nur andeuten läßt. Keine Sprache ist so einfach wie die Sprache des Herzens; kein Wort könnte je die Schönheit ausdrücken, die das Geheimnis des Herzens ist.

Alles, was gesagt werden kann, ist der Versuch einer Übersetzung von etwas eigentlich Unübersetzbarem.

So müssen wir Worte wählen und Satzmelodien, die das Herz zum Schwingen bringen, so daß es selber spricht. Viele der nachfolgenden Botschaften sind nicht als Informationen für den Verstand gedacht, sondern als Mittel, das Herz des Lesers zum Sprechen zu bringen. Deshalb lausche, wer sie liest, dem Echo, das sie in ihm hervorrufen.

Das Herz des Menschen erwacht aus der Dämmerung seiner Träume in das Licht der Wirklichkeit; statt Kampf und Verstrickung erfährt es voll Staunen Verbundenheit und Freiheit. Wo Machtkampf herrscht, sind alle Kräfte im Kampf gebunden; wo Verbundenheit herrscht, sind sie frei für das Abenteuer des Erwachens.

Teil I

Liebe

Wer die Liebe nicht sucht, sucht den Tod. Wer sich der Liebe verschreibt, verschreibt sich dem Leben.

Wer auch nur für einen einzigen Augenblick eingetaucht ist in das wahre Wesen der Liebe, weiß, daß er nur in diesem Augenblick gelebt hat.

Nur dort ist Leben, wo Liebe ist.

Das ist der Grund, warum die Menschen nach Liebe schmachten, Liebe zu erzwingen suchen, die Liebe besingen, um Liebe betteln, sich abhängig machen von jeder Quelle, die Liebe verspricht.

Aber keine dieser Quellen kann ihren Durst je stillen. Soviel sie auch trinken, sie bleiben durstig.

Je größer die Enttäuschung, desto größer die Chance für die Liebe. Wer noch Hoffnung hegt, wird es schwer haben, die Liebe zu finden.

Nicht die Menschen, die geliebten, sind es, die die Enttäuschung verursachen; es ist die Liebe selbst. Wer immer dich in deiner Hoffnung auf Liebe enttäuscht hat: was durch ihn handelte, war die Liebe selbst.

Erst wenn du die Hoffnung aufgibst, irgendwo eine Quelle zu finden, an der du deinen Durst nach Liebe stillen kannst, hat die *Liebe* eine Chance, dich zu finden.

Wenn das Herz weint, jubelt die Seele.

Diese Medizin ist dir zu bitter?

Wenn dein Schmerz nicht sehr groß ist, wirst du die Medizin, die zu bitter scheint, verschmähen. Wer aber schlimme Schmerzen leidet, wird den bittersten Geschmack nicht scheuen, wenn er weiß, daß er Heilung bringt.

In jeder Liebe, die dich streift, welcher Art sie auch sei, sieh die *Liebe* selbst. Wenn dich schöne Augen bezaubern, wisse, daß es die Liebe selbst ist, die dich grüßt. Wenn du vor Sehnsucht zergehst, wisse, daß es die Liebe selbst ist, die dich zergehen läßt. Wenn du weinst, weil du verlassen wurdest, wisse, daß es die Liebe selbst ist, die dich zurückgeworfen hat in die Einsamkeit. Wenn du jubelst in der Freude der Verliebtheit, wisse, daß es die Liebe selbst ist, die jubelt aus Freude an sich selbst. Wenn du verletzt wurdest von deinen Geliebten, wisse, daß es die Liebe selbst ist, die den Streich geführt hat.

Hinter allem, was dir geschieht, sieh die Liebe selbst.

So wirst du frei für die Liebe, Schritt für Schritt.

Wenn dein Geliebter dich kränkt, so erschöpfe deine Kraft nicht in dem Versuch, dich zu wehren, zu rächen oder zu verteidigen; sondern wisse, daß es die Liebe selbst ist, die ihre Hand im Spiel hat. Sie sagt:

»Hänge dein Herz an niemand anderen als an mich. ICH bin dein Gott, du sollst keine anderen Götter haben neben mir.

Wenn du heiratest, heirate nicht deinen Geliebten oder deine Geliebte, sondern heirate mich.

Nur mir sei treu in guten und in schlechten Tagen. Nur mir folge nach. Mache mich zu deinem einzigen Idol, zu deinem einzigen Ideal, zu deinem einzigen Freund und deinem einzigen Lehrer, und ich verspreche dir ein Leben in immerwährendem Glück. Ich sage: Glück, ich sage nicht: Zufriedenheit. Du wirst Glück finden in allem: im Schmerz wie in der Freude. Du wirst weinen aus Liebe, du wirst jubeln aus

Liebe, du wirst Sehnsucht leiden aus Liebe, du wirst trauern aus Liebe, du wirst dich freuen aus Liebe, du wirst zornig sein aus Liebe und voller Frieden sein aus Liebe; und in alledem wirst du dein Glück finden.

Mir treu zu sein, ist die einzige Möglichkeit, die du hast, um deinen Geliebten wahrhaft zu dienen. Stelle mich an die erste Stelle und nicht sie, und euer Leben wird Wahrheit und Schönheit sein.

Du sollst keine anderen Götter haben neben mir.«

Das ist es, was die Liebe sagt, und sie sagt es mit allem, was die Geliebten dir antun, im Guten wie im Bösen.

♦♦♦

Tausend Opfer wirst du der Liebe bringen, und ein jedes wird dich freier machen.

Tausend Male wird die Liebe dich rufen, und du wirst ihren Ruf nicht hören.

Tausend Male wirst du nach der Liebe rufen, und die Liebe wird ihr Antlitz verbergen vor dir.

Aber das eine Mal, da du ihren Ruf hörst, wird sie da sein.

♦

Wenn die Liebe dir entgleitet, weine nicht: Sie tritt nur einen Schritt zurück, um dich vorwärts zu ziehen. Wieder und wieder lockt sie dich, und wieder und wieder entzieht sie sich dir.

♦

Wenn die Liebe schweigt, schweig auch du. Nur wenn die Liebe spricht, rede.

♦

Die Sprache der Liebe ist nüchtern und rein; die Liebe spricht nie von sich selbst.

Was die Liebe dir erzählt, das halte geheim.

♦

Wer Liebe von dir verlangt, dem gib Wahrheit.

Erbitte nicht Liebe von den Menschen, erbitte Wahrheit.

In der Wahrheit erkenne die Liebe; in der Liebe suche die Wahrheit.

♦♦♦

Schönheit ist Ausdruck der Liebe. Schönheit ist der Ruf, mit dem die Liebe das Herz weckt. Schönheit berührt die Herzen und öffnet die Herzen, und Schönheit entspringt dem Herzen aller Dinge selbst.

In der gewaltigsten wie in der winzigsten Äußerung von Schönheit ist die Liebe zu finden; in der Schönheit des Sonnenaufgangs wie in der Schönheit einer Blüte, eines Steins, eines Fliegenflügels; in der Schönheit eines Lächelns, einer Handlung, einer Geste; in der Schönheit der Bewegung von Blättern und Wogen, Wolken und Meer, im Flug der Amsel wie im Sprung des Jaguars.

In der Schönheit ist immer die Liebe versteckt.

Liebe ist das Verborgene; Schönheit das Offenbare.

Wenn die Schönheit einer Blume dein Herz berührt, dann deshalb, weil du die Liebe fühlst, die in ihr Ausdruck findet.

Hänge dein Herz nicht an die Blume, die morgen verwelkt; hänge es an die Liebe. Liebe die Blume; pflege und ehre und achte sie; fühle ihr Leben und fühle ihr Sterben; aber hänge dein Herz nicht an sie.

◆

So oft es auch bricht, halte dein Herz offen für die Liebe. Es ist die einzige Art, wie du überleben kannst.

Leidest du Schiffbruch, so klammere dich an den winzigsten Rest von Liebe, der deinem Herzen geblieben ist. Er ist der Strohhalm, der dich retten wird.

◆◆◆

Ist der *Geliebte* dir nah, so weinst du vor Freude; ist er dir fern, so lachst du im Vergessen, und die Seele wird stumpf.

Denn Glanz kommt nur mit der Liebe.

Weder durch Anstrengung noch durch Nicht-Anstrengung kannst du ihn finden; er ist es, der zu dir kommt, wenn die Zeit reif ist.

Halte nur die Sehnsucht wach und gehe den Weg, den dein Herz dir weist.

◆

Im tiefsten Schmerz ist die größte Liebe verborgen.

In der größten Liebe ist der tiefste Schmerz verborgen.

Nimmst du beides an: den Schmerz und die Liebe, so findest du Glück.

♦

Die Liebe kehrt alles um; die Gesetze der Liebe und die Gesetze der Welt sind nicht dieselben. Sagt die Welt: Soviel ich dir gebe, soviel will ich erhalten, so sagt die Liebe: Nimm! Sagt die Welt: Soviel du mir gibst, soviel gebe ich dir wieder, sagt die Liebe: Gib! Im vollkommenen Geben offenbart sich die Liebe wie im vollkommenen Nehmen.

♦♦♦

Wenn Sehnsucht dein Herz zerreißt, so ist die Liebe am Werk, um es zu weiten.
Nur Liebe ist wahr, alles andere ist Traum.
Halte dich an die Liebe, nicht an den Traum.

♦♦♦

Der *Geliebte* selbst bereitet dir das Mahl des Lebens; salzig und scharf, bitter und süß, sauer und mild, jedes an seinem richtigen Platz und in der richtigen Reihenfolge.

♦♦♦

Liebe und Treue

Es gibt richtige Treue und falsche Treue. Die richtige Treue gilt der Liebe. Die falsche Treue gilt einer Form. Form ist dem Tod unterworfen; jede Form zerfällt oder zerbricht, wenn ihre Zeit gekommen ist. Deshalb ist Treue, die einer Form gilt, die falsche Treue.

Sei der Liebe treu und nicht der Form; folge in allem der Stimme deines Herzens, und wenn du nicht weiterweißt, frage die Liebe um Rat.

Liebe und Eifersucht

(1)

Eifersucht ist Bestandteil der Liebe. Der *Geliebte* ist über alle Maßen eifersüchtig; seine Eifersucht kennt keine Grenzen. In allen und allem sucht er deine Zuwendung, deine Aufmerksamkeit, deine Beachtung, und er ruht nicht, bis du sie ihm schenkst.

Er allein ist es, der eifersüchtig ist; er allein ist es, der liebt; und er allein ist es, dem alle Liebe gilt.

Tief auf dem Grunde deiner Eifersucht wirst du seine Eifersucht finden.

Bist du eifersüchtig, so klagt der Geliebte in dir: »Du hast dein Herz an einen anderen verloren; gib es mir, und alles Leid wird von dir abfallen. Meine Liebe allein kennt keine Grenze, keinen Mangel, keine Trennung und keinen Verrat.«

»Liebe von ganzem Herzen, sehne dich von ganzem Herzen, wünsche und strebe und trachte von ganzem Herzen – verleugne nichts in dir, liebe, die du liebst; doch hinter jedem Antlitz sieh mein Antlitz; hinter jeder Sehnsucht wisse meine Sehnsucht; hinter jedem Schmerz fühle meinen Schmerz. So lebst du dein Leben furchtlos und ehrlich und, was auch immer dich bewegt, ruhst in mir.«

Liebe und Eifersucht

(2)

Wer liebt, der fürchte sich nicht davor, Eifersucht auszulösen; er wehre sich nicht gegen die Eifersucht seines Gefährten und verschließe sich nicht vor ihr; er verteidige sich nicht und rechtfertige sich nicht. Er öffne sein Herz, so weit er kann, dem Schmerz des Gefährten und umfange ihn mit der Liebe seines Herzens; dies ist die einzige Art, wie er dem Gefährten die wahre Treue erweisen kann, indem er ihn die Beständigkeit der Liebe fühlen läßt. Wer liebt, der liebe und bekenne sich zu seiner Liebe; wen auch immer er liebt und an wen auch immer er sich gebunden hat. Die Liebe muß wachsen können in alle Richtungen. Wer Schmerz verursacht dadurch, daß er nicht nur den an ihn gebundenen Gefährten liebt, sondern auch andere, der nehme diesen Schmerz bereitwillig auf sich. Sein Herz blutet, wenn der geliebte Gefährte leidet; und dieses Bluten vergrößert die Liebe des

Herzens, die das einzige kostbare Geschenk ist, das der Mensch seinen Geliebten machen kann. Weder die Liebe des Gemüts noch die Versicherung von Treue und Ausschließlichkeit haben auch nur den geringsten Wert, verglichen mit der Liebe des Herzens. Nur die Liebe des Herzens hilft dem Geliebten, zu wachsen; nur in der Liebe des Herzens findet der Mensch zur Wahrheit; nur die Liebe des Herzens kann dem geliebten Gefährten helfen, seine Größe und Schönheit zu finden.

Wer liebt, der liebe und stehe zu seiner Liebe. Die Liebe bahnt sich ihren Weg gemäß den ihr eigenen Gesetzen, die größerer Vollkommenheit entspringen, als der Verstand zu fassen vermag.

Die Liebe des Herzens

Die Liebe des Herzens ist nicht die Liebe des Gemüts. Die Liebe des Gemüts dient der Liebe des Herzens, aber sie *ist* es nicht. Die Liebe des Gemüts ist Klebstoff; sie sagt: »Du allein bist mein Glück; deshalb will ich dich an mich binden.« Sie sagt: »Ich allein bin der richtige für dich; deshalb will ich dich glücklich machen und kein anderer.«

Diese Liebe ist weder ein Fehler noch ein Irrtum; an ihr ist nichts Schlechtes und nichts Falsches. Sie dient dazu, der Liebe des Herzens die Bahn zu bereiten. Wer sie als Irrtum und Hindernis verwirft, der mißachtet ihren Daseinszweck und zieht ihre Rache auf sich. Während er sich vor ihr durch seine Verachtung sicher wähnt, wird ihr Pfeil ihn an der empfindlichsten Stelle treffen.

Sicher vor der Verwundung durch die Liebe des Gemüts ist nur der, der sich sehenden Auges hineinbegibt; der das Feuer der Leidenschaft nicht fürchtet, wenn er »Ich liebe dich« haucht, noch die Fessel der Bindung oder die Geißel der Eifersucht. Wer die Liebe des Gemüts, wenn sie ihn trifft, annimmt und mit der Liebe seines Herzens berührt, der findet das Herz des *Geliebten*.

Die Liebe des Herzens sagt: »Was immer du bist, ich nehme es auf in mein Sein; was immer du fühlst, ich will es verstehen; was immer du wünschst und ersehnst, ich achte es; was immer dich berührt, berührt auch mich; wohin auch immer du wachsen willst, ich nähre dich, wie ich kann.«

Die Liebe des Herzens umfängt die Liebe des Gemüts wie die Auster das Sandkorn; ihr Schmerz ist ein ständiger Dorn in ihrem weichen Fleisch; sie nimmt ihn willig auf sich. Durch ihr widerstandsloses Umfangen verwandelt sie die »kleine Liebe«, die Liebe des Gemüts, in einen kostbaren Schatz, so wie die Auster das Sandkorn in eine Perle verwandelt. Das Kostbare an diesem Schatz ist seine Schönheit; eine Schönheit, die nur dem offenbar wird, der die Schale seines Herzens öffnet und das, was soviel Schmerz verursachte, ans Tageslicht befördert.

Trennung

Die Trennung ist das Salz der Liebe. Ohne wenigstens gelegentliche Trennung wird auch die größte Liebe langweilig. Die große Trennung, der Tod, wartet hinter jeder Wegbiegung, und dieses Wissen allein könnte jede Liebe zu einer großen Liebe machen. Aber wer weiß schon wirklich, daß der Tod wartet? Der Tod allein ist es, der dem Augenblick unsterbliche Bedeutung verleiht.

Der Tod ist kein Ende, sondern eine Einweihung, für den Sterbenden wie für die Hinterbliebenen. Wenn ein Geliebter stirbt, ein Freund oder Elternteil, und die Realität des Todes schockartig in dein Bewußtsein tritt, hast du die Chance, eine Einweihung zu erleben. Einweihung in eine Art zu leben, die tiefer ist und wahrer als das Leben, das du zuvor, den Tod ignorierend, gelebt hast.

So ist der Schmerz der Trennung dein Freund und dein Lehrer, und wenn du dich furchtlos seinen Lehren hingibst, trägt er dich über Schranke und Trennung hinweg zur Entdeckung des ewigen Lebens.

♦♦♦

Lade den Freund ein, in deinem Herzen zu wohnen, und lebe dein Leben.

Liebe als Wegweiser

Wer immer dir begegnet: Halte Ausschau nach dem, was die Liebe von dir will.

Wo immer du bist: Frage dein Herz, was du tun und wohin du gehen sollst.

Die Liebe blitzt auf in einem Gedanken, einer Ahnung; bringst du den Mut auf, dieser Spur zu folgen, so bewegst du dich im Strom des Lebens ohne Widerstand.

Was immer du zu erleben oder zu besitzen wünschst, die Liebe hält es bereit für dich; doch um es zu finden, mußt du ihr folgen ohne Absicht und Wunsch.

Gibst du Wunsch und Absicht auf und folgst einzig den Zeichen der Liebe, wird alles dein, wonach du dich sehnst.

Die Zeichen der Liebe sind einfach und klar. Die Liebe sagt: »Geh!«, die Liebe sagt: »Komm!«. Die Liebe sagt »nein« oder »ja«, und du hörst ihre Stimme in deinem Herzen.

Die Liebe kennt weder Zweifel noch Furcht noch Berechnung; wo Zweifel, Furcht oder Berechnung herrschen, hast du den Faden der Liebe verloren.

Werkzeug der Liebe sein

Nicht zu lieben sei das Ziel, sondern sich der Liebe zu überlassen.

◆

Sag nein zum engen Käfig deiner Gedanken und ja zu den größeren Bestrebungen des Lebens, die an deinen Gitterstäben rütteln.

◆

Sich zum Werkzeug der Liebe machen heißt, unter allen Umständen der Wahrheit zu dienen.

Denn Liebe ist die Macht, die das Universum betreibt; Liebe und nichts als Liebe findest du auf dem Grunde welchen Dramas auch immer; Liebe ist alles, was wahr ist; und alles, was Nicht-Liebe ist, ist unwahr. Deshalb: Fühlst du keine Liebe im Herzen, so folge nur der Wahrheit; sei wahr in deinem Handeln, deinem

Denken, deinem Sprechen und Fühlen, und du wirst ein lauteres Werkzeug der Liebe sein.

Nicht daß du Liebe fühlst, ist wichtig, sondern wieviel Liebe durch dich strömen kann.

Liebe und Geheimnis

Liebe ist ein Geheimnis; sie kann und darf nicht verraten werden. Der Mensch kann über seine Liebe sprechen und zu ihr stehen; er kann Gesten, Worte und Handlungen finden, die seiner Liebe Ausdruck verleihen; ihr Kern aber ist ein heiliges Geheimnis, dessen einziger angemessener Ausdruck das Schweigen ist.

Wer über seine Liebe zu einem Menschen mit einem anderen spricht, der achte darauf, dieses Geheimnis zu hüten. Lieber schweige er über seine Liebe, als ihren heiligen Kern zu offenbaren.

Das Gemüt trachtet danach, der Liebe Ausdruck zu verleihen; das Herz liebt es, sie in Schweigen zu hüllen.

Wer sein Gemüt zum Schweigen bringt und sein Herz zum Sprechen, dessen Worte werden der Liebe würdig sein.

Wer aber vor dem Geheimnis steht, dem heiligen Kern der Liebe, der verneigt sich in Ehrfurcht und schweigt.

Liebe und Wünsche

Alle Wünsche entstammen der Liebe.

Entkleide deine Wünsche aller Form und Gestalt und sieh sie in ihrer Nacktheit: Und in ihrer Nacktheit nimm sie an, denn sie sind die Wachstumsimpulse deiner Seele, die ihr Reich vergrößern will. Das Herz kennt Wege, die der Verstand nicht kennt; es kennt die geheime Abkürzung. »Aber dort ist doch die Straße, die zum Ziel meiner Wünsche führt!« wirst du sagen und auf eine Straße zeigen, deren Windungen deinem Blick verborgen sind. Das Herz aber kennt den geheimen Pfad durch Dickicht und Gestrüpp, dem Auge des Verstandes verborgen, und dieser Weg führt sicher und gerade zum Ziel.

Das Herz kennt seine Ziele genau und weiß sie in der einfachsten Weise zu benennen; der Verstand aber teilt sie in Kategorien und mißt und beurteilt sie, und die ihm mißfallen, verbirgt er in Schweigen.

Die verschiedenen Gesichter der Liebe

Die Liebe kann sich dir nähern als Strenge; dann wird sie dir nicht erlauben, dich in deinen Fehlern niederzulassen, und jedesmal, wenn du von der Wahrheit deines Herzens abweichst, erlebst du »Strafe«: Mißgeschick, Reibung, Unzufriedenheit.

Die Liebe kann sich dir nähern als Herausforderung; sie schickt dir ein Problem, einen Auftrag, eine Schwierigkeit, etwas, das deinen ganzen Einsatz erfordert, deine Kreativität, deine Intelligenz, das Aufbieten einer Eigenschaft, die du bisher nicht gewagt hast zu manifestieren.

Wenn die Liebe dich berührt mit ihrer Süße, dann vergehst du vor Sehnsucht und Entzücken; so weckt sie dein Herz und löst dich aus der Illusion von Langeweile und Sinnlosigkeit.

Die Liebe zeigt dir viele Gesichter; nur selten erkennst du sie.

25

Die Berührung der Liebe

Wen die Liebe streift, der sehnt sich nach ihrer Berührung.

Wen die Liebe berührt, der sehnt sich nach ihrer Umarmung.

Wen die Liebe umarmt, der flüchtet in Angst und Entsetzen und verbirgt sein Gesicht in den Händen.

Doch sachte, sachte löst die Liebe seine Hände und führt ihn heim in ihr Königreich.

Dein wahres Wesen

Ist das Herz einmal von der *Liebe* berührt worden, so wird es immer danach trachten, sich berühren zu lassen. Nicht weil die Liebe süchtig macht; sondern weil das Herz in ihr seine Heimat findet, seine wahre Natur. Alles, was nicht Liebe ist, ist nicht seine wahre Natur, ist Fremde, ist Exil, ist Leiden und verbunden mit Schmerz und Heimweh. In der Liebe allein findet das Herz seine Heimat und seine wahre Natur.

Voll Staunen fragt sich der Mensch, den die Liebe in seinem Herzen berührt, warum er nicht immer in diesem Zustand war; wie er nur vergessen konnte, daß Liebe die Wahrheit und das wahre Leben ist. Nur allzubald verschließt er sich wieder, aus Angst oder aus Gewohnheit; aber den Augenblick, da sein Herz von der Liebe berührt wurde, wird er nie vergessen, und sein Inneres wird keine Ruhe geben, bis er sich wieder öffnet.

Liebe allein ist dein wahres Wesen.

Liebe und Theater

Liebesgeschichten sind Theateraufführungen bis zu dem Augenblick, da die Liebe einbricht und das Theater beendet.

Das Licht der Realität erleuchtet das Bewußtsein, die Masken werden abgenommen, der Bann der Rollen ist gebrochen.

Was übrigbleibt, ist ein Anfang: der Anfang einer wahren Liebe.

Die Ehe

Wer den Körper als Gefängnis betrachtet, verkennt seinen Sinn und mißachtet das Geschenk, das ihm durch den Körper gegeben ist. Das Geschenk des Körpers an den Geist ist das Herz: das warme, fühlende, blutende, jubelnde Herz. Nur der Mensch, der das Geschenk des Körpers annimmt, kann das Leben in seinem Herzen fühlen.

Wer die Ehe als Gefängnis betrachtet, verkennt ihren Sinn und mißachtet das Geschenk, das ihm durch die Ehe gegeben ist. Das Geschenk der Ehe an den Menschen ist Beständigkeit: Beständigkeit, die es seinem Herzen erlaubt, seine Tiefen auszuloten, ohne zu versinken, seine Höhen zu erklimmen, ohne den Boden zu verlieren, seinen Reichtum zu erkennen, ohne seine Demut zu verlieren und seine Weite zu erproben, ohne zu zerreißen.

Wer die Ehe mißbraucht als Gefängnis, der verliert seine Freude und seinen Sinn.

Das Gelübde der Ehe sei:

»Wohin du auch wächst, dorthin will ich mein Herz weiten.

Wie tief auch dein Schmerz sei, ich will ihn fühlen.

Wie hoch auch deine Sehnsucht reicht, ich lasse dich ihr folgen.

Neigt dein Herz sich einem anderen zu, so will ich deine Liebe teilen; strebt meines nach einem anderen, so will ich doch niemals dich aus meinem Herzen verbannen.

Ich strebe nach Wahrheit und weiß uns in der Wahrheit vereint; so bitte ich dich, meinen Weg gehen zu dürfen, wohin er auch führt, mit deinem Segen; und deinen Weg zu gehen, wohin er auch führt; meine Liebe begleitet dich.

Wahrheit ist die einzige Nahrung, die unsere Liebe nährt.«

Wahrheit ist wie ein guter Arzt: Der Schmerz, den er zufügt, dient der Heilung.

Nicht alles auszusprechen und unter allen Umständen die Wahrheit zu sagen, ist hier gemeint, sondern die Wahrheit zu sein.

Nur auf Wahrheit kann Liebe gedeihen.

Liebe und Freiheit

Die äußerste Freiheit liegt in der äußersten Liebe. Entgegen der Meinung der meisten Menschen macht Liebe nicht unfrei, sondern frei. Wer nach Freiheit sucht, versucht sich zuerst aus den Fesseln emotionaler Bindungen zu befreien – Bindung durch Zuneigung oder Abneigung, Angst oder Machtgier, Haß oder Zärtlichkeit, Verliebtheit oder Feindseligkeit. Aber so sehr er danach trachtet, diesen Gefängnissen zu entrinnen, es wird ihm nicht gelingen, es sei denn, er akzeptiert all diese Emotionen als das, was sie sind: der Klebstoff der Liebe. Emotionen sorgen dafür, daß Menschen einander nicht gleichgültig sind; Emotionen binden und halten zusammen, und zwar negative ebenso wie positive. Emotionen sind die Bahnen, auf denen Liebe sich verbreiten kann; denn jede Emotion, welcher Art sie auch sei, schreit nach Liebe und kann einzig durch Liebe erlöst werden. Solange die Liebe des Herzens die Emotion nicht berührt hat, hält der Mensch sie fest und hält sie den Menschen fest. Deshalb trachten die spirituell Strebenden nach Befreiung von Emotion. Sie halten Emotionen für einen Klebstoff, der sie am Ego festbindet. Ja, Emotionen sind Klebstoff; sie sorgen dafür, daß der Mensch der Liebe nicht entrinnen kann.

Freiheit, die erlangt wird durch Abschneiden von Bindung und Beenden von Beziehung, ist Illusion. Es gibt keine Freiheit im Zustand des Abgetrenntseins; es gibt keine Freiheit für das Ich, das sich von anderen getrennt wähnt. Die Flucht vor Unfreiheit ist sein Gefängnis. Nur in der Erkenntnis und Annahme der völligen Verbundenheit ist die vollständige Freiheit zu finden; und nur Liebe ist es, die diese bewirken kann, denn sie allein schreckt vor nichts zurück und fürchtet sich nicht.

Wer sich vor nichts fürchtet und sich mit jedem eins weiß, wer das Eine hinter den vielen anderen sieht und in sich selbst, und wer sich in jedem Augenblick vollkommen dem hingibt, was dieses Eine von ihm wünscht, der befindet sich im Zustand völliger Liebe und völliger Freiheit. Er ist frei von allem, was ihn hindern könnte, ganz da zu sein für die immer neue Begegnung mit dem *Geliebten*.

Wer die Liebe sucht, der löse nicht die Bande, die ihn an andere fesseln, sondern ergebe sich in sie.

Erst wenn deine ganze Welt mit Fesseln der Liebe an dich gebunden ist, bist du frei.

Es ist Liebe, die erlöst, nicht Freiheit.

Freiheit kommt aus Liebe. Je größer die Liebe, desto größer die Freiheit.

Erwachen

Liebe ist der Weg zum Erwachen.

Jedwedes spirituelle Bemühen, dem nicht Liebe zugrunde liegt, führt ebensowenig zum Erwachen wie jede andere Tätigkeit, die nicht auf Liebe basiert. Ob du Schlager singst oder Mantras rezitierst, ob du Fußball spielst oder Gebete sprichst, macht in Bezug auf das Erwachen keinen Unterschied. Mantras, Gebete, Gesänge, Meditation, Yoga und Atembeobachtung können zu allerlei Resultaten führen; zum Erwachen führen sie nur, wenn sie aus Liebe und mit Liebe praktiziert werden. Jede Handlung, die aus Liebe und mit Liebe praktiziert wird, ist eine religiöse Übung und führt zum Erwachen. Oder besser gesagt: Das Erwachen liegt schon darin.

Wach bist du in dem Maße, in dem Liebe in dir lebendig ist.

Denn das Wesen der Realität ist Liebe.

Nicht-Liebe ist Traum.

Bist du im Traum befangen, so hältst du die Welt für einen finsteren Ort und dein Leben für eine leidvolle Angelegenheit. Bist du erwacht, siehst du in allem die Liebe am Werk. Liebe, die danach trachtet, sich zu manifestieren; Liebe, die sich Gehör verschaffen möchte; Liebe, die die Menschen ruft; Liebe, die schafft und zerstört, die auflöst und neu zusammensetzt.

Ihr Ziel: sich selbst zu erfüllen.

Liebe ist nicht deinem Willen unterworfen; aber du kannst der Liebe deine Bereitschaft erklären. Nicht nur grundsätzlich und allgemein, sondern immer wieder von neuem. In jeder Beziehung, die du unterhältst, und in jeder Situation kannst du in dir die Bereitschaft zur Liebe wecken. Die Liebe selbst kannst du nicht herbeizwingen; aber deine Bereitschaft öffnet ihr Tür und Tor. Bereitschaft ist eine Sache des Wunsches. Ist der Wunsch nach Liebe in dir vorhanden, so kannst du dich willentlich bereit machen für die Liebe.

Und erinnere dich: Wenn die Liebe durch dich wirkt, so muß das nicht bedeuten, daß du eine Empfindung erlebst, die du als Liebe identifizierst. Die Liebe Gottes fließt durch dein Herz in deine Handlungen, deine Gesten, deine Worte; um dich ihr zu öffnen, mußt du grundsätzlich und in jeder Situation bereit dazu sein; dein Wegweiser sei dabei aber nicht das Gefühl der Liebe, sondern die Wahrheit deines Herzens. Das ist zunächst ein großer Unterschied.

Die Liebe Gottes

So groß ist die Liebe Gottes, daß die allergrößte Liebe des größten Menschen in der Liebe Gottes nichts ist als ein Schaumbläschen an der Oberfläche des Ozeans. So groß ist die Liebe Gottes, daß sie in der allerkleinsten Regung eines jeden Gemüts anwesend ist. Die Liebe leidet, läßt sich in den Staub treten, einsperren, verhöhnen und besudeln und bleibt doch immer sie selbst.

Glaube nicht, daß nur die Mörder und Schänder, die Folterer, die großen Grausamen die Liebe verhöhnen; du selbst verhöhnst sie an jedem Tag. Die Liebe ist es, die dich schuf; die deine Ehe, deine Beziehungen, deine Familie schuf; wie ehrst und achtest du ihr Werk?

Ehre und achte jede Zelle deines Körpers und jede Eigenschaft, die dir gegeben wurde, als eine Schöpfung der Liebe. Liebe ist der Künstler, der dich schuf.

Das Herz aller Religionen: die Liebe

Alle Religionen sind ursprünglich Offenbarungen der Liebe. In jeder Religion zeigt die Liebe ein anderes Gesicht, eine andere Facette ihres Wesens; jede wahre religiöse Lehre ist eine Anleitung zur Liebe.

Versuche nicht, die Richtigkeit dieser Behauptung zu prüfen, indem du die verschiedenen heiligen Schriften studierst; sondern indem du die Religion praktizierst. Praktizieren heißt: dein ganzes Leben in ihren Dienst stellen. Nicht indem du für sie streitest oder versuchst, andere zu bessern, sondern indem du das lebendige Ideal dieser Religion in deinem Herzen wachhältst und nährst.

Religion ist eine ganz und gar intime Sache; sie hat nichts zu tun mit Predigten, Regeln oder Vorschriften. Sie ist die Beziehung, die du zu deinem Allerheiligsten, dem Tempel deines Herzens und dem Gott in deinem Innern unterhältst. Und die ›Gebote des Herrn‹ sind nichts als deine innere Stimme.

Aspekte der Liebe

Der Mensch erfährt die Liebe in verschiedenen Aspekten und Zuständen; als der *Verliebte*, als der *Liebende*, als der *Geliebte* und als die *Liebe* selbst.

Befindet sich der Mensch im Zustand des *Verliebtseins*, so berührt ihn alles zutiefst; er ist ständig bewegt und berauscht.

Befindet sich der Mensch im Gemütszustand des *Liebenden*, so ist er um das Wohl von allem und allen besorgt und bereit, sein Leben dafür zu geben.

Befindet sich der Mensch im Gemütszustand des *Geliebten*, so fühlt er die Liebe in allem, in der Liebkosung des Windes, dem Duft der Blumen, in der Nahrung, die er zu sich nimmt, im Wasser, das er trinkt; in jedem Wort, das ihm gesagt, jeder Geste, die ihm entgegengebracht wird, sei sie freundlich oder feindselig, lieblich oder streng, sieht er die Hand Gottes, der ihn liebt.

Befindet sich der Mensch im Zustand der *Liebe* selbst, so ruht er im Sein; weder sucht er noch braucht er noch gibt er etwas; weder ist er verzückt noch besorgt, noch fühlt er sich geliebt oder nicht geliebt; er ruht im Sein, und, ruhend, ist er ein unerschöpflicher Quell.

Teil II

Die Stimme des Herzens

Die Wahrheit des Herzens herausfinden

Wer die Wahrheit des Herzens finden will, muß alles aufgeben, was der Verstand weiß. Er muß Schicht um Schicht sein Denken durchstoßen bis an den Kern; und dann den Kern des Denkens durchschauen; bis das Bewußtsein leer ist vom Denken und frei, zu fühlen. Sieht er Bilder in seinem Geist auftauchen anstatt der Gedanken, Bilder, die aus der Tiefe seines Bewußtseins kommen und Erleuchtung bringen, so nehme er sie dankbar zur Kenntnis und wende sich wieder dem Fühlen zu. Empfängt er Gedanken, erhabene und wahre und tiefe Gedanken, so nehme er sie dankbar zur Kenntnis und wende sich wieder dem Fühlen zu.

Wer sich nicht beirren läßt in seiner Absicht, die Wahrheit seines Herzens zu finden, der wird sie finden – und zwar als ein unmittelbares Gefühl.

◆◆◆

Das Herz, von dem hier die Rede ist, ist der Kern deines Wesens. Wenn du wissen möchtest, was dein Herz zu einer bestimmten Angelegenheit sagt, dann mußt du dich von der Peripherie in das Innere deines Wesens zurückziehen. An der Peripherie läuft all das ab, was auf Sinneswahrnehmungen basiert: deine Reaktionen auf Ereignisse und Begegnungen, Interpretationen von

Wahrnehmungen, Beeinflussung durch Wahrgenommenes; Ängste, Zweifel, Befürchtungen, Wünsche und Hoffnungen, die durch Wahrgenommenes ausgelöst werden. Schrittweise kannst du dich von der Peripherie zum Zentrum bewegen. Wenn du beispielsweise eine Entscheidung treffen mußt, dann beobachte zuerst deine Gedanken. Laß dein Denken das Thema von allen Seiten untersuchen. Betrachte dann, was du gedacht hast. Unterscheide die verschiedenen Stimmen in deinen Gedanken und notiere ihre wesentlichen Aussagen. Verfolge sie zu ihrem Ursprung zurück. Die eine sagt vielleicht: »Du solltest das nicht tun, es gibt Ärger.« Untersuche den Hintergrund dieses Gedankens. Worauf basiert er? Auf einer Erfahrung, die du gemacht hast? Auf Äußerungen eines anderen Menschen? War es vielleicht die Art, wie dein Vater reagiert hätte? Oder auf Intuition? Gehe ebenso mit allen anderen Stimmen vor: Verfolge sie zu ihrem Ursprung zurück.

Und schließlich gehe in dich und befrage dein Herz. Wenn du merkst, daß du dich fürchtest vor der Wahrheit deines Herzens, dann sage dir: »Ich bin bereit, die Wahrheit zur Kenntnis zu nehmen; das beraubt mich aber nicht meiner Entscheidungsfreiheit.«

Wage es, die Wahrheit deines Herzens in dein Bewußtsein aufsteigen zu lassen; bedingungslos, unter allen Umständen. Frage dein Herz: Was wünsche ich wirklich? Welches ist meine Aufgabe, mein wahres Ziel, mein wahrer Zweck, mein Weg in dieser Situation?

Fühle deinen Atem im Brustraum und in der Mitte der Brust dein Herz. Atme tief und ruhig, während du die Frage auf dich einwirken läßt, ohne über eine Antwort nachzudenken. Achte darauf, wie du dich fühlst.

Gibt es verschiedene Wahlmöglichkeiten, so stelle sie dir nacheinander vor und horche dabei in dein Herz hinein. Beobachte, wie du dich fühlst.

So kannst du die Wahrheit deines Herzens finden.

Erwarte nicht, sofort Klarheit zu bekommen. Es wird Fälle geben, bei denen du deine Aufmerksamkeit wieder und wieder auf dein Herz richten mußt, wieder und wieder deine Gefühle und Gedanken beobachten, bis du ohne jeden Zweifel die Stimme deines Herzens wahrnimmst. In anderen Fällen geschieht es sofort.

Erwarte nichts und forciere nichts; übe nur stetig und beharrlich.

Und dann gehe den Weg, den dein Herz dir weist. Es ist der Weg der Wahrheit, der gerade Weg.

Aus der Verstrickung befreien

Wenn du dich aus deiner Verstrickung in Gedanken und Gefühlen befreien und dein Herz entdecken möchtest, dann fasse als erstes einen Beschluß. Der Beschluß könnte lauten: »Ab heute werde ich meine Aufmerksamkeit auf mein Herz richten.«

Übe dann, in jeder Situation, jeder Begegnung, bei jeder Entscheidung in dein Herz hineinzufühlen und -zuhorchen. Fühle deinen Atem im Brustraum und in der Mitte der Brust dein Herz: dein Zentrum als fühlendes Wesen.

Wenn du beginnst, deine Aufmerksamkeit auf dein Herz zu lenken und dies Tag für Tag zu üben, so werden Gefühle in deinem Bewußtsein auftauchen, die zuvor daraus verdrängt waren. Diese Gefühle brauchen deine Aufmerksamkeit. Heiße sie willkommen, welcher

Art auch immer sie seien, und nimm sie auf in dein Herz.

Du mußt sie weder analysieren noch beurteilen noch einordnen noch überwinden, nur in dein Herz aufnehmen. Das ist alles, was sie brauchen, um sich zu verwandeln.

Das Wissen des Herzens

Das Herz weiß nicht, wie der Verstand weiß. Das Herz weiß durch Berührung; der Verstand weiß durch Distanz. Je mehr das Herz sich der Berührung öffnet, desto mehr weiß es. Berührung entfacht nicht einen Prozeß der Erkenntnis im Herzen; sondern im Herzen *ist* Berührung Wissen.

Je tiefer das Herz berührt ist, desto tiefer ist das Wissen; und je tiefer das Wissen ist, desto weniger Worte gibt es, mit denen der Mensch es fassen und ausdrücken kann. Denn in der tiefsten Tiefe des Herzens herrscht völliges Schweigen und völliges Verstehen.

Berühren ist Erkennen; wessen Herz das Herz eines anderen berührt, der erlebt Erkennen. Erkennen bedeutet Entdeckung von etwas, das man bereits kennt; es schlummerte im Unbewußten und wird nun bewußt. Nichts löst so großes Entzücken aus wie dieses Erkennen des Herzens; deshalb lebt, wer sein Herz der Berührung offenhält, in einem Meer von Entzücken. Schmerz und Freude, Leid und Jubel mischen sich in diesem Meer; ein solches Leben ertragen zu können, braucht große Kraft. Diese Kraft erwächst aus der Disziplin; einer Disziplin, die darin besteht, dem *Geliebten* treu zu sein und sich an nichts und niemand anderen zu verlieren. Was immer das Herz berührt, erkennt es als Zeichen des *Geliebten*; was immer das Herz aufnimmt, erkennt es als Nahrung des *Geliebten*; und was immer das Herz gibt, schenkt es dem *Geliebten*.

Was ist das Herz?

Das Herz, von dem hier die Rede ist, ist weder ein Organ noch ein Energiezentrum noch ein Teil des Menschen; das Herz, von dem hier die Rede ist, ist der Kern, die Mitte, eben im wahren Sinne des Wortes das Herz des Menschen als fühlendes Wesen.

Dieses Herz verbindet alle Teile und alle Ebenen des menschlichen Seins; es ist das Zentrum aller; es ist der Kern des Wesens; was es weiß, ist Wahrheit, wie sie sich diesem Menschen offenbart; was es fühlt, ist die Art, wie dieser Mensch Wahrheit erlebt. Seine Wünsche sind die Bestrebungen der Seele in konkreterer Form.

Dieses Herz ist nicht ein bestimmter Ort im Körper oder im Energiefeld des Menschen; und doch hat es auf jeder Ebene seine Entsprechung. Auf der körperlichen Ebene ist seine Entsprechung das physische Herz; auf der energetischen Ebene das Herzchakra.

Das physische Herz ist das Herz des Körpers; alles, was das Herz betrifft, betrifft den Menschen in seinem Kern als fühlendes Wesen. Andere Organe reflektieren das Verhältnis des Menschen zu seiner Umwelt; das Herz ist das Zentrum des Körpers, und alles, was das Herz betrifft, betrifft den Menschen in seinem Zentrum als fühlendes Wesen, in seinem Kern.

Ist ein Herz »verhärtet«, so bedeutet das, daß das Herz sich abgeschnitten hat von seiner eigenen Lebendigkeit, die in ihrer Essenz Liebe ist. Ist das Herz schwach, so bedeutet das, daß die Verbindung des Menschen zu seinem innersten Kern, dem Quell seiner Kraft, schwach ist; der Mensch zieht es vor, seinem Wesenskern zu mißtrauen, und schwächt damit seine Lebenskraft und verringert seine Möglichkeiten.

Arbeitet das Herz unregelmäßig, so hat der Mensch ein unstetes Verhältnis zu seinem Wesenskern; zu Zeiten öffnet er sich, zu anderen verschließt er sich.

Und so fort.

Das Herzchakra ist das Zentrum aller Energiezentren; der Treffpunkt zwischen den Ebenen; Verbindung zwischen oben und unten. Gewöhnst du dir an, dich auf dein Herzzentrum zu konzentrieren, so gelangst du mit der Zeit in Fühlung mit dem Kern deines Wesens.

Das Herz in den Mittelpunkt deines Gewahrseins zu stellen, erzeugt eine andere Qualität als dich im Kopf oder im Bauch zu zentrieren. Das Herz ist das Zentrum; du kannst nicht aus dem Gleichgewicht geraten, wenn du in deinem Zentrum bist. Allerdings bist du, wenn du das Herz in den Mittelpunkt stellst, allen Stürmen zugänglich. Du bist offen für das Leben, offen für andere und offen für dich selbst. Erlaubst du jedoch keinem Sturm, dich aus der Verankerung in deinem Herzen zu reißen, so bleibst du in deiner Mitte, und in der Mitte dieser Mitte herrscht Frieden.

Vom Herzen aus kannst du dich auch in der Erde verankern; ebenso wie du dich vom Herzen aus im Himmel verankern kannst. Übe, um dich zu erden, nicht nur, mit beiden Beinen fest auf der Erde zu stehen, sondern liebe dabei auch die Beine und die Erde von ganzem Herzen; dann erst ist dein Anker stabil.

Das Herz als Heiler

Der große Heiler ist das Herz. Nichts kann letztlich wirklich heilen, was nicht von der Liebe des Herzens berührt, verstanden und umfangen wurde. Symptome mögen verschwinden, Schmerzen mögen vergehen, Krankheiten sich bessern; jedoch das erkrankte Gemüt, das Symptome, Schmerzen und Krankheiten schafft, wird immer neue Wege finden, sich zu äußern, in immer neuen körperlichen Manifestationen, bis endlich das Herz sich seiner erbarmt.

Was bedeutet die Berührung des Herzens? Es bedeutet, daß der Mensch seinen Schmerz nicht länger vor sich selbst versteckt, sondern es wagt, ihn zu fühlen, zu würdigen und anzunehmen. Was bedeutet das Verstehen des Herzens? Es bedeutet, daß der Mensch sich selbst dafür versteht und liebt, daß er so gelitten hat. Was bedeutet das Umfangen des Herzens? Es bedeutet, daß der Mensch mit allen Fasern seines Seins und Bewußtseins jedes Partikelchen Schmerz berührt und versteht.

Dem Herzen ist es gleich, ob ein Schmerz dieser oder jener Person gehört; es nimmt sich jeden Schmerzes an, der ihm begegnet, und umfängt ihn.

Ein Schmerz, der vom Herzen abgelehnt wird, verwandelt sich in Leid; ein Schmerz, der vom Herzen angenommen wird, verwandelt sich in Freude.

◆◆◆

Das Herz ist letztlich der einzige Heiler. Du magst Medizin einsetzen, Nadeln, Spritzen oder Operationen; du magst versuchen, die Botschaft deiner Krankheit zu entschlüsseln oder die Schmerzen fortzuatmen – aber weder Medizin noch Instrumente, weder der Verstand noch der Atem können wirklich die Erkrankung heilen, wenn das Herz nicht beteiligt ist.

Der Schmerz, der sich in deiner Krankheit äußert, ist nicht körperlicher Natur; er ist ein Schmerz der Seele. Die Seele leidet Not, und nur das Herz ist in der Lage, ihre Not zu verstehen und zu lindern.

Das Böse, das Gute
und die Liebe des Herzens

Wenn das Böse dir gegenübertritt, schaue ihm fest ins Auge.

Schaue solange hin, bis du im Spiegel der Augen deines Feindes dein eigenes Böses erkennen kannst. Und dann ziehe dich zurück und schaue deinem eigenen Bösen fest ins Auge. Schaue solange hin, bis du hinter ihm dein verletztes Gutes erkennen kannst. Dann schließe sie beide, das verletzte Gute und das verteidigende Böse, so fest in die Arme deines Herzens, wie du kannst.

Und kümmere dich nicht um den Feind; danke ihm im stillen und laß ihn seine Wege gehen. Sie werden die deinen nicht mehr kreuzen.

Solange du jedoch im Bewußtsein deines Rechts verharrst, wird dein Feind dein Feind bleiben.

Bist du ein Unschuldiger, dem ein schlimmes Unrecht geschieht, dann wisse, daß dein Peiniger das Böse, das in dir schlummert, für dich manifestiert; es schlummert in dir, weil es niedergehalten wird durch dein Gutsein. Und wisse, daß du das Gute, das in ihm schlummert, für ihn manifestierst; es wird niedergehalten durch sein Bösesein.

Beides, niedergehaltenes Gutes wie niedergehaltenes Böses, stiftet Unheil.

Deshalb erlaube deinem Gutsein nicht, dein Bösesein niederzuhalten, und deinem Bösesein nicht, dein Gutsein zu unterdrücken; sei böse, wenn du böse bist, und gut, wenn du gut bist. So lebst du im Frieden mit deiner Natur und mit den Bösen und Guten in deiner Welt.

Tief im Innern herrscht der Krieg, der die Kriege im Äußeren verursacht. Führen Gut und Böse in dir nicht mehr Krieg, wird auch in deiner Welt kein Krieg mehr sein.

Dein Böses ist die Waffe und Rüstung deines Guten, und dein Gutes die Tarnung und der Schutz des Bösen.

Schaust du beides mit den Augen des Herzens an, so erkennst du sie als das, was sie sind: natürliche Regungen deines menschlichen Gemüts, weder gut noch böse.

Das Herz kennt weder gut noch böse; es kennt nur Berührung oder Nichtberührung. Was es berührt, berührt es in seinem Sosein und wird von ihm verstanden in seinem Sosein. Das Herz fühlt und weiß, ohne zu urteilen.

Gutes und Böses: Im Theater der Welt treten sie getrennt auf, in Wahrheit sind sie eins. Schaust du unter die Oberfläche, so siehst du das Band der Liebe, das Täter und Opfer vereint.

Grabe immer so tief, bis du Liebe findest. Dein Haß: Was ist er anderes als Liebe, die nicht gehört wird? Die Grausamkeit der Bösen: Was ist sie anderes als Liebe, die keinen Ausweg weiß? Eingesperrt im Innern, hinter dicken Mauern verschlossen, klopft sie und schreit sie und erzeugt Wellen von Wut.

Wenn du solch einem verhärteten Menschen fassungslos gegenüberstehst, dann erbarme dich deiner eigenen Fassungslosigkeit, erbarme dich deiner Ohnmacht; das ist der Weg, die Liebe in dir wachzuhalten. Was immer geschieht: Halte nur die Liebe in dir wach und kümmere dich um dich. Was den anderen betrifft, so handle spontan, den Eingebungen deines Herzens folgend; doch kümmere und sorge dich nicht um ihn.

Liebe und Auseinandersetzung

Liebe fürchtet sich nicht vor Auseinandersetzung; Liebe verhält sich wie ein guter Arzt, der allen Schmutz entfernt, um die Wunde untersuchen zu können. Schmutz ist Unreines; Unreines ist etwas, das nicht an seinem Platz ist. In der Persönlichkeit wird es empfunden als Unechtes, Unwahres. Auseinandersetzung, von Liebe geführt, sorgt dafür, daß das Unechte, Unwahre vom Laserstrahl des Bewußtseins durchdrungen wird, um die Wunde, die sich hinter Wut, Haß, Groll oder Ärger verbirgt, zu reinigen. Dann erst kann die Liebe des Herzens sich wie ein heilender Balsam über die Wunde legen; Liebe, die sich offenbart in verstehendem Schweigen.

♦♦♦

Liebe flieht vor nichts, und Liebe macht vor nichts halt. Liebe umarmt auch das Finsterste und durchschaut es mit den Augen des Verstehens.

♦♦♦

Wer der Liebe gehorcht, hält allem stand; dem Schönen wie dem Schlimmen. In allem sieht er die Liebe, in allem folgt er ihren Spuren, und alles, was er erhält, gibt er ihr.

Wut und Liebe

Das Wesen der Wut ist Liebe. Liebe, die nicht fließen, sich nicht äußern, nicht manifestieren darf. Liebe, die auf diese Weise an ihrem natürlichen Ausdruck gehindert wird, verwandelt sich in gestaute Energie, und diese gestaute Energie wird empfunden als Wut. Wut, die etwas zerschlagen möchte, um der Liebe Bahn zu brechen.

Nehmen wir an, du fühlst dich vom Verhalten deines Vorgesetzten gedemütigt. Du kannst dich nicht wehren, weil du fürchtest, deine Stelle zu verlieren. Dein Herz möchte mit deinem Vorgesetzten verkehren wie mit jedem anderen Menschen: wie mit einem geliebten Freund; denn für das Herz ist jeder ein geliebter Freund, ganz gleich, wer er ist, welche Stellung er bekleidet und welche Ansichten er vertritt. Das Verhalten des Vorgesetzten jedoch und deine Angst führen dazu, daß dein Herz in seinem natürlichen Ausdruck beschränkt wird. Seine Freundlichkeit und Achtung wird beantwortet mit Kälte, Feindseligkeit oder Verachtung. Dein Herz möchte mitfühlen mit den Empfindungen, die diesen Vorgesetzten dazu bewegen, sich so kalt, abweisend oder verachtend zu verhalten; dein persönliches Ich aber, in seinem Selbstwertgefühl verletzt, läßt das nicht zu. Dein Herz möchte deinen Schmerz fühlen; du aber, den Schmerz fürchtend, läßt das nicht zu. So ziehst du es vor, im stillen zu grollen und zu schimpfen und dich zu kränken, anstatt dich gemäß der Natur deines Herzens zu verhalten.

So bleibt die Liebe eingesperrt im Käfig der Angst. Vibrierende Energie, die sich ausbreiten möchte und daran gehindert wird: Wut.

Gibt es aber nicht auch so etwas wie berechtigte Wut, Wut, die durchaus ausgedrückt werden will? Muß nicht dieser Vorgesetzte zum Beispiel durch den Ausdruck deiner Wut in seine Schranken gewiesen werden?

Nicht Wut ist es, die Menschen in bessere Menschen verwandelt, sondern Liebe. Erinnere dich: Ist die Liebe in ihrem Ausdruck behindert, staut sich ihre Energie, und dieser Zustand wird empfunden als Wut. Wenn du diese Wut – verzerrte Liebe – äußerst, ruft sie, wenn sie nicht auf ein offenes Herz trifft, eine ebenfalls verzerrte Reaktion hervor. So folgt Verzerrung auf Verzerrung.

Ein Wutausbruch reinigt die Atmosphäre nur dann, wenn im Verlauf der Auseinandersetzung wenigstens ein Beteiligter bereit ist, sein Herz zu öffnen. Wenn du dem Wutausbruch eines Menschen, der sich über dich ärgert, mit offenem Herzen zuhören kannst, dann kann die Liebe wirken und die Atmosphäre reinigen.

Es gibt kein Gift! Es gibt nur Verzerrung. Alles, was als Gift bezeichnet wird – seelisches, geistiges Gift –, entsteht aus Verzerrung.

Sobald ein Herz sich öffnet, geschieht Entzerrung.

Sogar – und gerade dann –, wenn du dich persönlich getroffen fühlst, kannst du dein Herz öffnen. Bereitschaft ist der Zauberschlüssel. Sagst du dir mitten in der Auseinandersetzung, daß du bereit bist, dein Herz zu öffnen, so schwer es dir auch fallen mag, dann gehen die Türen deines Herzens ganz von allein auf.

Bereitschaft ist der Schlüssel zu allem.

Vergeben

Vergeben ist eine Sache des Herzens. Kein Akt des Willens und kein Akt der Moral, sondern eine Öffnung des Herzens. Diese Öffnung geschieht durch Gnade; und Gnade findet dich, wenn du bereit bist. Gnade ist immer vorhanden, steht immer zur Verfügung, ist dein Geburtsrecht; nicht etwas, was ein Gott der Willkür gelegentlich bei Sonntagslaune vom Himmel fallen läßt.

Aber die Gnade muß dich finden. Sie findet dich, wenn du bereit bist.

Vergebung ist eine Gnade, die dir geschieht. Du kannst nicht willentlich vergeben; aber du kannst bereit sein, zu verzeihen. Diese Bereitschaft ist dein Opfer; ein Opfer, das du der Liebe anbietest. Es mag dich viel kosten oder wenig; etwas kostet es immer, und diesen Preis mußt du bereit sein zu zahlen, damit die Gnade dich finden kann und dein Herz sich öffnet. Auf diese Weise geschieht Vergebung.

Nicht nur »die Rache ist mein«, auch die Vergebung.

Solange du nicht bereit bist, zu verzeihen, verzeihe nicht; versuche dich nicht an Worten oder Gesten der Vergebung; tue nicht so, als sei nichts geschehen. Grolle, wenn du grollst, und äußere deinen Groll. Stehe zu dem, was du fühlst. So bist du eins mit dir. Und wenn du eins bist, kann die Liebe durch dich wirken. Wenn Groll deine Wahrheit ist, wirkt die Liebe durch deinen Groll.

Erhebt sich auch nur der geringste Wunsch in dir, vom Groll befreit zu werden, so ergreife diesen Wunsch und nähre ihn durch Bitte und Gebet. Dann ist der Moment gekommen, dich deines Grolls mit aller Liebe deines Herzens anzunehmen. Schenke ihm deine Aufmerksamkeit, dein Erbarmen und dein Verständnis. Nimm ihn auf in dein Herz, bis er sich in Tränen löst.

Sei gütig zu dir und pflege die Wunden, die dein Groll in dir hinterlassen hat; und dann prüfe, ob du bereit bist zu vergeben.

Die Bereitschaft alleine reicht aus, um die Liebe in Gang zu setzen, die Vergebung bewirkt.

Das Herz und das Ego

Es gibt kein Ego. Das, was Ego genannt wird, ist eine Art, Gedanken, Gefühle und Vorstellungen zusammenzuballen zu etwas, mit dem die Seele sich identifiziert, zu dem sie sagt: Das bin ich, so denke ich, so fühle ich, so wirke ich auf andere, so sehe ich aus.

Es ist ein Irrtum. Du könntest ebensogut eine andere Gruppe von Gedanken, Gefühlen und Bildern nehmen, sie zusammenfügen zu einem Etwas und sagen: Das bin ich, so sehe ich aus und so fort.

Das, was Ego genannt wird, erwächst aus deiner persönlichen Geschichte. Du hältst dich für dies oder für das entsprechend dem, was du erlebt hast, was andere dir gesagt haben, wie andere an dir gehandelt haben und wie du ihre Handlungen interpretiert hast.

Nichts davon entspricht der Realität.

Betrachte alles als ein einziges Sein; betrachte dich selbst als eine einzigartige Weise dieses Seins, sich selbst zu erleben; und die anderen ebenso.

Die Eigenschaften, die du dein Eigen nennst, sind Zustände dieses einzigen Seins, die es in dir manifestiert. Die Liebe, die du empfindest, ist die Bewegung dieses einzigen Seins, die dich durchzieht. Dein Atem ist der Atem dieses einzigen Seins. Und dein Herz ist das Herz des Seins, das in dir sein eigenes Leben fühlt.

Deshalb: Bist du mit deinem Herzen in Fühlung, so bist du in Fühlung mit dem Herzen allen Seins, dem Herzen aller Herzen.

Das Herz öffnen oder verschließen

Alles enthält Möglichkeiten.

Auf diesen Nenner könnte man den gesamten Sinn und sämtliche Zusammenhänge sämtlicher Realitäten bringen.

Alles enthält Möglichkeiten. Ganz gleich, ob du eine Situation angenehm oder unangenehm findest, in ihrer grundsätzlichen Natur unterscheiden sie sich nicht: Eine Situation ist etwas, das Möglichkeiten bietet.

Welches sind deine Möglichkeiten in einer gegebenen Situation? Du hast zunächst eine Wahl: Du kannst beschließen, daß die Situation Möglichkeiten bietet – oder eben nicht.

Sich dafür zu entscheiden, daß jedwede Situation etwas ist, das Möglichkeiten bietet, bedeutet Wachstum. Es bedeutet, zu glauben, daß das Leben sich stets weiterentwickelt; daß es Tod, Ende und endgültige Sackgassen nicht gibt; es bedeutet, vertrauensvoll ja zu sagen.

In einer Situation, die für dich unangenehm oder schwierig ist, kannst du innerlich oder äußerlich den Rückzug antreten und sagen: ›Das ist unmöglich. Das kann ich nicht. Das ist zuviel.‹

Oder du kannst sagen: ›Was ist das beste, das ich aus dieser Situation machen kann?‹ oder besser: ›Welches ist die beste Möglichkeit, der ich mich öffnen kann in dieser Situation?‹

Denn Möglichkeiten mußt du nicht herstellen; sie existieren bereits. Sie gehören dem Universum. Es ist an dir, dich dieser oder jener Möglichkeit zu öffnen oder zu verschließen.

Du befindest dich in einer schwierigen Situation. Du hast – beispielsweise – eine Forderung gestellt und dadurch bei den betreffenden Mitmenschen Ärger ausgelöst. In dieser Situation liegen für dich verschiedene Möglichkeiten, und du hast die Macht, eine oder mehrere davon in Realität zu verwandeln.

Du kannst deinen Standpunkt klar und konsequent vertreten, ohne dich um Meinung und Gefühle der anderen zu kümmern. Möglicherweise bedeutet es für dich einen Schritt vorwärts in deiner Entwicklung, etwas Klares und Machtvolles zu tun und dich dazu zu bekennen.

Du kannst dich aber auch für dein Vorgehen entschuldigen und Mitgefühl für den Ärger der Betroffenen aufbringen und zum Ausdruck bringen; auch das kann für dich ein neuer Schritt in deiner Entwicklung sein.

Du kannst verlangen, daß alle Beteiligten sich zusammensetzen und gemeinsam die optimale Lösung für das Problem ausarbeiten.

Du kannst dich hinsetzen und über den Fall alleine meditieren, bis du der Sache auf den Grund gegangen bist.

Viele Möglichkeiten, die Situation zu behandeln; und ebensoviele Möglichkeiten der Weiterentwicklung.

Du kannst dich auch zurückziehen und schmollen und beschließen, daß die Welt zu schwierig für dich ist und daß alles zu schmerzhaft und zu unangenehm ist; dann allerdings hast du keinen Schritt vorwärts getan; dann mußt du warten, bis sich die nächste Gelegenheit dazu ergibt.

Und du kannst beschließen, dein Herz zu öffnen, deinen eigenen Gefühlen ebenso wie denen der Mitbetroffenen. Jedesmal, wenn du das tust, öffnen sich die Türen des Paradieses.

Es ist sehr einfach. Du kannst es jederzeit tun. Und wenn es dir unmöglich erscheint, dann kannst du wenigstens jenen Gefühlen, die dir das schwermachen, Achtung entgegenbringen und zugleich die Liebe bitten, dein Herz zu öffnen.

Denn die grundsätzliche Wahlmöglichkeit ist immer die: dein Herz zu öffnen oder zu verschließen. Immer wieder aufs neue stehst du vor dieser Wahl.

Dein Herz zu öffnen bedeutet in Fällen wie diesem nicht, den Standpunkt der anderen zu übernehmen und dein Recht, deine Bedürfnisse oder Forderungen zu verleugnen.

Es bedeutet nur, offen zu bleiben, um das, was ist, fühlen, mit dem Herzen wahrnehmen zu können. Fühlen, auf welche Weise dein Handeln andere berührt und bewegt, und fühlen, auf welche Weise die Handlungen der anderen dich bewegen oder berühren.

Dein Herz zu öffnen bedeutet nur, das, was ist, zu fühlen und zuzulassen, ohne es beurteilen und ohne es verändern oder verdrängen zu wollen.

Das Herz fühlt die Wahrheit, wie sie von dir und von anderen erlebt wird. Aus der Bereitschaft, die Wahrheit zu fühlen, entfaltet sich eine neue Sichtweise, eine neue Ordnung, eine Lösung.

Solange du bereit bist, die Wahrheit zu fühlen – die der anderen wie deine eigene –, befindest du dich in einer sicheren Zone. Es gibt nichts zu befürchten, solange du dein Herz offen hältst. Da ist kein Ich, das verletzt oder gekränkt werden könnte – da ist nur ein fühlendes und verstehendes Herz.

Es gibt nur einen Weg, diese Worte zu verstehen: indem du es ausprobierst.

Du kannst tatsächlich bewußt und absichtlich dein Herz öffnen. Es geschieht durch einen Beschluß: offen zu bleiben und bereit, die Wahrheit zu fühlen – die eigene wie die der anderen.

Wenn du das ernsthaft tust, kommst du in Berührung mit der Wahrheit, die hinter deiner Wahrheit und der der anderen liegt; mit der grundsätzlichen Wahrheit, die sich in der jeweiligen Situation manifestieren möchte und die immer – IMMER – Liebe heißt.

Angst ist es, die die Türen des Herzens verschlossen hält: Letztlich ist es immer Angst. Angst, verletzt, zerstört, angegriffen, verringert (»erniedrigt«) zu werden, Angst, Schmerz erleiden zu müssen, welcher Art auch immer.

Auch wer sein Herz nicht öffnen mag, weil er grollt und nicht verzeihen will, hat letztlich Angst: Angst, weniger zu sein, nachdem er, um zu verzeihen, auf sein Recht verzichtet hat.

Angst ist es, die das Herz verschließt. Angst nährt sich von Gedanken: Gedanken an das, was geschehen wird, würde oder könnte.

Angst leitet sich her aus der Vergangenheit und beschäftigt sich mit der Zukunft. Das, was Vergangenheit und Zukunft samt der Angst aufrechterhält und verbindet, sind Gedanken.

Laß nur hin und wieder eine Gedankenmasche fallen und sieh zu, wie das ganze Gestrick sich auflöst; nur einen Gedanken fallenlassen, den du nur allzugerne denken würdest: einfach auf ihn verzichten. Das bedeutet beileibe nicht, ihn zu unterdrücken oder abzulehnen; das würde gar nichts nutzen. Er würde sich Verstärkung holen und wiederkehren.

Nein, einfach auf ihn verzichten. Ihn da sein lassen, ohne ihm nachzugehen, ohne ihm mit deiner Aufmerksamkeit zu folgen, ohne ihm irgendeine Bedeutung – weder eine positive noch eine negative – zuzumessen. Das bedeutet, auf diesen Gedanken zu verzichten. Damit hast du in deinem Strickwerk eine Masche fallen lassen, und wenn du sie weder wieder aufgreifst noch irgendwie festhältst, so dauert es nicht lange, bis das ganze Strickwerk sich auflöst.

Für die Gefühle gilt das gleiche. Nimm das Gefühl, das dem fallengelassenen Gedanken zugrunde lag und nun nackt daliegt, einfach wahr (mit dem Herzen, nicht indem du es mit dem Verstand benennst und kommentierst; Gefühle kann man nur mit dem Herzen wahrnehmen); nimm es wahr und messe ihm keinerlei Bedeutung bei, weder positive noch negative; betrachte es weder als bedeutend noch als unwichtig; laß es einfach da sein und nimm es mit dem Herzen wahr. So knüpfst du keine Knoten, strickst kein Muster und bindest dich nicht an Gedanken-Gefühls-Strukturen, die dich in ein Gefängnis sperren, das dich davon abhält,

das Leben zu erleben, das wunderbare, unwieder-
bringliche, in jedem Augenblick einzigartige – so, wie
es ist.

Die Intuition des Herzens

Wenn du nichts weiter tust, als dich immer und unter allen Umständen daran zu erinnern, dein Herz offenzuhalten und auf dein Herz zu hören, dann wirst du
der Intuition des Herzens teilhaftig, die dich in jedem
Gespräch, in jeder Begegnung das richtige im richtigen
Moment tun und sagen läßt.

Halte die Bereitschaft zur Liebe in dir wach; erneuere sie täglich und täglich; und die Liebe wird dich
führen in allen Angelegenheiten.

Ein offenes Herz

Ein offenes Herz ist ein staunendes Herz. Alles Neue
nimmt es mit Staunen, Interesse und Anteilnahme
in sich auf. Und für ein offenes Herz ist alles neu; jeder Augenblick; und jeder Mensch in jedem Augenblick. Der Duft der Mimosen; das Rosa und Blau der
Abenddämmerung; die Symphonie der Geräusche;
eine Tätigkeit; ein Einfall; eine Begegnung; ein Gespräch.

Wenn ein Mensch einem anderen mit offenem Herzen zuhört, so hört er unvoreingenommen und mit
echtem Interesse zu. Er kommentiert nicht im Geist
das Gesagte und stülpt nicht den grauen Schleier seiner Meinung darüber; er hört zu, um zu lernen: was der

andere fühlt, was ihn bewegt, was es bedeutet, dieser andere zu sein.

Dieses Interesse belebt und erweckt den Erzählenden, bringt ihn zu sich, zu seinem Herzen, und zum Kern der Angelegenheit, die ihn bewegt.

Keinen Rat braucht dein Freund, nur dein offenes Herz.

Illusion

Das Herz kennt nichts »Altes«; es kennt nur den Augenblick. Jeder Augenblick ist für ein offenes Herz neu und einzigartig. Deshalb unterscheidet das Herz nicht zwischen »alt« und »neu«.

Immer, wenn du denkst »Das kenne ich schon«; wenn du etwas uninteressant findest, weil du daran gewöhnt bist; wenn du glaubst, jemanden zu kennen; wenn du denkst oder sagst, daß du immer dies tust oder das tust oder immer soundso bist ... immer dann spricht nicht dein Herz, sondern dein Verstand, der in einer Illusion gefangen ist.

Die Kraft des Herzens

Die Kraft deines Herzens kann alles besiegen, was dir im Wege ist: Zweifel und Angst, Haß und Zwietracht, Groll und Feindschaft. Nichts von alledem kann der Kraft des Herzens widerstehen.

Denn das Herz kämpft nicht und greift nicht an, es überzeugt nicht, überredet nicht und verteidigt sich nicht.

Das Herz versteht und nimmt an.

Was verstanden und angenommen wird, entzerrt sich und gewinnt seine wahre Natur zurück: Liebe.

So verwandelt die Kraft des Herzens alles in Liebe.

Leben aus dem Herzen heraus

Aus dem Herzen heraus zu leben, ist eine ständige Herausforderung. Bis du in deinem Herzen Frieden und Sicherheit gefunden hast, wird jede Situation für dich eine Herausforderung sein. Viele Male wirst du es vorziehen, dein Herz zu verschließen, um Schmerz zu entgehen; du wirst dein Herz zum Schweigen bringen, um Ärger und Unheil zu fliehen, und du wirst dich taub stellen, um die Stimme deines Herzens nicht zu hören, die dir sagt: Hier ist der Weg! Der Weg, den es dir weist, zieht dich zwar an, weil du fühlst, daß es der deine ist; aber er scheint dir steinig zu sein, oder voller Dornen, oder zu weit. So tust du, als hättest du die Stimme deines Herzens nicht gehört; als wüßtest du nicht genau, wo der richtige Weg liegt.

Jeden Weg aber, der nicht der deine ist, mußt du früher oder später verlassen. Je länger du ihn beschreitest, desto unbehaglicher fühlst du dich. Auch dieses Unbehagen wirst du möglicherweise verdrängen; du sagst dir vielleicht: ›Immerhin ist es hier sehr schön; es gibt einiges zu sehen; und es gibt viel zu lernen.‹

Das ist sicherlich wahr; überall gibt es zu sehen und zu lernen. Aber es gibt eine innere Richtschnur, einen roten Faden für dich, an dem entlang du wachsen und dich gemäß deiner Natur entfalten kannst. In der Welt der Wahrheit herrscht Ordnung; eine Ordnung, die der Liebe entspringt, der unendlichen Liebe des Schöpfers, des Planers, des All-Seienden, All-Wissenden, Allmächtigen und All-Leidenden; diese Ordnung heißt Wahrheit. Lebt jedes Wesen gemäß der ihm innewohnenden Wahrheit, so manifestiert sich diese vollkommene göttliche Ordnung; das Resultat ist Schönheit und Harmonie.

Du mußt nicht tief graben, um die dir innewohnende Wahrheit zu finden. Sie ist weder vergraben noch verborgen. Sie ist einfach das, was du bist hinter dem, was du zu sein scheinst oder dich bemühst, darzustellen oder zu sein; sie ist einfach das, was du fühlst auf dem Grunde deines Herzens; sie ist einfach das, was du wünschst auf dem Grunde deiner Wünsche. Der Wunsch, den deine Wünsche ausdrücken – das ist der wahre Wunsch deines Herzens, der aus tiefstem Innern aufsteigt und sich manifestieren will durch dich.

Du kannst weder fehlgehen noch verlorengehen in diesem weiten Universum, aber du kannst an deiner Freude vorbeileben, die daraus erwächst, daß du im Lichtkegel des göttlichen Strahls lebst, der dein Schutz und deine Heimat ist. Immer dann, wenn du im Einklang bist mit deinem innersten Wesen, befindest du dich im Schutz dieses Lichtkegels, und nichts von dem, was um dich herum oder mit dir geschieht, kann dich aus der Geborgenheit dieses Lichts herausreißen.

Natürlich sind Schutz und Liebe auch mit dir, wenn du dich auf Abwegen befindest; aber die vollkommene Geborgenheit erfährst du nur, wenn du im Licht deines göttlichen Strahls, deiner wahren Bestimmung stehst – deiner Individualität.

Individualität ist keine private Sache, sondern eine göttliche Angelegenheit von großer Bedeutung. Je mehr du dich der Liebe öffnest, je bedingungsloser du dein Herz öffnest, je entschiedener du gemäß deiner wahren Natur lebst, Wahrheit bist, Wahrheit denkst und Wahrheit sprichst, desto klarer tritt deine Individualität zutage; desto vollkommener zeigt sich Gott in dir in jener Einzigartigkeit, die du bist. Je mehr du dich klammerst an deine persönlichen Vorlieben und Abneigungen, je mehr du dich identifizierst mit dem Gebilde aus Gedanken, Gefühlen und Vorstellungen, das du für dein Ich hältst, desto schwerer ist es für den Strom des Lebens – die Hand des Schöpfers, wenn du so willst –, deine Einzigartigkeit in reiner und vollkommener Weise zu entfalten.

Du mußt also nicht deine Einzigartigkeit aufgeben, um Gottes Willen zu tun. Aber du mußt alles aufgeben und das Leben durch dich wirken lassen, um deine Einzigartigkeit zu entfalten. So schenkst du dich der Liebe und wirst selbst zu einem Geschenk der Liebe.

Jegliches »ich mag dies« und »jenes mag ich nicht« aufgeben und statt dessen von Augenblick zu Augenblick der Wahrheit deines Herzens folgen: das ist lebendiges Leben. Mit »ich bin jemand, der dies mag und das nicht mag« schaffst du dir ein künstliches Gebilde, das du »ich« nennst. Wenn du statt dessen offen bleibst für alles, was dir begegnet, und nur der tieferen Wahrheit folgst, die sich durch dein Herz offenbart, so kann deine Einzigartigkeit sich in jedem Augenblick manifestieren.

Einzigartigkeit, die vollkommene Entfaltung der Individualität ist nicht etwas, das erst anzustreben ist und zu einem zukünftigen Zeitpunkt geschieht; sondern wenn du gemäß deiner inneren Natur lebst, bist du in jedem Augenblick auf deine vollkommene Weise einzigartig.

Um das klar zu unterscheiden: Aus den Vorlieben und Abneigungen, Ängsten und Überlegungen des persönlichen Ich heraus zu leben, ist etwas grundlegend anderes als aus dem Herzen heraus zu leben. Wenn du aus dem Herzen heraus lebst, heißt es keineswegs, daß du alles akzeptierst und zu allem ja sagst. Dein Herz sagt dir, wohin du gehen und was du tun sollst (›sollst‹ deshalb, weil es das ist, was du im tiefsten Innern wünschst), wann du ja und wann du nein sagen sollst. Du folgst einfach dem Gefühl, aber du machst daraus kein »Ich mag dies« oder »Ich mag jenes nicht«.

Wenn Angst dich davon abhält, deiner Wahrheit entsprechend zu leben oder sie zum Ausdruck zu bringen, dann lebst du im Zwiespalt. Wo Zwiespalt herrscht, herrscht nicht das Herz. Mache dein Herz zum Herrscher, und es wird keinen Zwiespalt mehr geben.

Kümmere dich als erstes um deine Angst. Nicht mit dem Verstand; nicht indem du zu ihr sagst: »Du bist überflüssig, verschwinde!« Kümmert sich dein Verstand auf diese Weise um die Angst, so löst sie sich nicht auf, sondern versteckt sich und beherrscht dich aus ihrem Versteck heraus, ohne daß du es merkst. Kümmerst du dich überhaupt nicht um deine Angst, so beherrscht sie dich offen. Kümmert sich aber dein Herz um sie, so wird sie mit dem versorgt, was sie braucht – denn das Herz gibt immer das, was in Wahrheit gebraucht wird –, und das ist Liebe.

Gib deiner Angst Liebe! Nimm sie an! Nimmt sie ins Herz. Wage es, sie zu fühlen. Sei eins mit ihr. Das ist alles, was sie braucht. Dann kann sie sich umwandeln.

Das zu üben, erfordert Bewußtsein und immer neuen Entschluß. Verpflichte dich deinem Herzen Tag für Tag! Nicht nur einmal ganz grundsätzlich, um es dann zu vergessen, bis du wieder vor großen Schwierigkeiten stehst, sondern Tag für Tag! Morgen für Morgen, Abend für Abend und Mittag für Mittag! Sage dir: »Ab jetzt ernenne ich mein Herz zum Herrscher über mich und alle meine Angelegenheiten. Was immer geschieht, ich werde auf die Stimme meines Herzens hören und ihr gehorchen; in jeder Situation, die in mir Angst und Pein hervorruft, werde ich mein Herz aufrufen, sich darum zu kümmern. Ich werde weit zurücktreten mit meinen Vorlieben und Abneigungen und meinem Herzen den Vortritt lassen; mein Herz allein soll bestimmen, welchen Weg ich einschlage. Reden werde ich nur, wenn mein Herz etwas zu sagen hat; schweigen werde ich, wenn mein Herz schweigt; und um all den inneren Aufruhr, der entsteht, während ich beginne, dies zu üben, wird mein Herz sich kümmern.«

Wenn du dich daran erst mitten in einer Situation erinnerst, die dich bereits in seelische Nöte gebracht hat, dann halte inne und wende dich nach innen. Bitte dein Herz, sich um den Aufruhr zu kümmern. Wende dann all deine Aufmerksamkeit deinem Herzen zu; atme, denke, fühle mit dem Herzen; und was immer auch geschieht, während du das tust, unterdrücke es nicht. Wenn Tränen fließen wollen, lasse sie fließen; wenn Worte auftauchen, sprich sie aus. Atme tief und bewußt und laß allem, was geschieht, freien Lauf; bis du gereinigt bist von allem Gift und dich frei und friedvoll fühlst.

Habe keine Angst, das, was du auf dem Herzen hast, auszusprechen. Sobald du das Herz zum Herrscher er-

hebst und ihm tatsächlich auch die Herrschaft über-
läßt, geschieht nichts, was nicht der Liebe entspringt
und ihren Notwendigkeiten folgt. Seien deine Worte
zornig oder freundlich: Wenn sie aus dem Herzen kommen, kommen sie aus der Wahrheit, und die Wahrheit
bringt immer Segen.

Was auch immer geschieht, laß dein Herz sich darum kümmern. Das Herz ist ein guter Herrscher, der beste, den es gibt; du kannst ihm getrost die Herrschaft
überlassen und dich entspannen. Es gibt nichts zu
fürchten.

Entfremdung und Verbundenheit

Wer den Weg des Herzens nicht geht, wandelt auf
der Straße des Todes.

Alles, was nicht mit dem Herzen verbunden ist,
stirbt früher oder später; so wie Gliedmaßen abster-
ben, die nicht mehr mit Blut versorgt werden.

Sind große Teile deines Lebens, ja schlimmstenfalls
dein gesamtes Leben dem Herzen entfremdet, so bist du
nur zum sehr kleinen Teil lebendig; du existierst zwar und
atmest, doch nur ein winziger Teil des Raumes, den du
einnimmst durch deine Existenz, ist von Leben erfüllt.

Zu jedem Teil deines Lebens, jeder in deinem Leben
existierenden Beziehung, jeder Tätigkeit, allem, was
Bestandteil deines Lebens ist, kannst du vom Herzen
aus Beziehungen herstellen, ganz gleich, ob du diesen
Bereich, diese Tätigkeit, diese Beziehung magst oder
nicht magst, schwierig, harmonisch, unsympathisch
oder erfüllend findest. Das Herz hat mit all diesen Be-
wertungen nichts zu tun; es steht darüber. Es will

berühren und berührt werden; es will fühlen; es will verstehen; es will wachsen und sich weiten.

Der Weg der Wahrheit

Dein Leben wird weder leichter noch angenehmer, wenn du dich entschließt, immer und unter allen Umständen den Weg zu gehen, den dein Herz dir weist. Es wird nur wahrer. Und indem mehr und mehr Wahrheit sich in dir und deinem Leben ausbreitet, kannst du immer freier atmen, wirst du mehr und mehr eins mit dir, gewinnst du an Kraft. Ganz bestimmt wirst du nicht weniger Schmerz, weniger Zorn erleben oder weniger Ärgernissen begegnen als zuvor; aber du wirst immer ehrlicher und offener mit alledem umgehen; jede schwierige oder ärgerliche Angelegenheit wird dir eine Herausforderung sein, eine Gelegenheit, dein Herz zu weiten und dein Verständnis zu vergrößern.

Wenn du deinem Herzen folgst, gehst du den Weg der Wahrheit. Wer den Weg der Wahrheit geht, muß nach und nach alles loslassen, worauf er sich gestützt hatte; jede Sicherheit, jede Hoffnung, jede noch so tröstliche Zukunftsaussicht fahren lassen, um einzig und allein der Wahrheit zu vertrauen.

Auch jedes Rechthaben, jedes Bestehen auf Ansichten und Meinungen und jede Identifikation mit bestimmten Eigenschaften und Gewohnheiten muß mit der Zeit entfallen, bist nur noch nackte Wahrheit vorhanden ist; die Wahrheit des jeweiligen Augenblicks.

Immer reicher wird die Gegenwart, immer tiefer das Erleben, immer höher die Freude, je gegenwärtiger du bist.

Vertrauen

Immer und unter allen Umständen der Stimme des Herzens zu folgen, erfordert Vertrauen. Dein Herz sagt: »Mit dieser Wohnung bin ich nicht glücklich«; dein Verstand sagt: »Aber sie ist ruhig, sie ist groß genug, sie kostet nicht viel; ich nehme sie.« Der Verstand tarnt sich als Klugheit; in Wahrheit ist es die Stimme der Angst. Hinter den klugen Ausführungen des Verstandes steht in Wahrheit: »Ich habe Angst, überhaupt keine Wohnung zu bekommen, wenn ich diese nicht nehme.«

Überzeugt von deinen eigenen Argumenten, unterschreibst du den Vertrag; zwei Wochen später entdeckst du eine Wohnung, die dir wirklich gefällt; und nun sitzt du in der Patsche.

Es hat dir an Vertrauen gefehlt; und an Achtsamkeit. Wärst du achtsam und wachsam gewesen, so hättest du bemerkt, daß dein Herz nein sagt zu der Wohnung, daß du aber Angst hast, keine andere zu bekommen. Du hättest dich zurückziehen können, und sei es für einen Augenblick, und dein Herz fragen, ob du es wagen kannst, darauf zu vertrauen, daß du etwas besseres bekommst.

Wenn du so vorgehst, bleibst du mit deinem Herzen in Fühlung; du weißt, was richtig ist, ohne es begründen zu können; und du handelst trotz deiner Angst im Vertrauen auf dein tieferes Wissen.

Vertrauen entsteht aus Verbundenheit mit dem Herzen. Vertrauen bedeutet nicht, keine Angst zu haben; Vertrauen bedeutet, die Angst wahrzunehmen und dennoch der Stimme des Herzens zu folgen.

Der Zweifel

Zweifel ist die Unfähigkeit, dich ganz zu öffnen.

Du hast die Stimme deines Herzens gehört; du weißt, wohin es dein Herz zieht. Aber du fürchtest dich. Du hast Angst, aufzugeben, was dir lieb ist. So kommt dir der Zweifel zu Hilfe und sagt: »Vielleicht war das ja gar nicht die Stimme der Wahrheit. Laß uns lieber noch einmal überlegen.«

Zweifel ist dein Freund. Er zwingt dich, genauer hinzuhören, ehrlicher zu sein, tiefer zu graben.

Er fordert dich heraus. Jedesmal, wenn du trotz deines Zweifels der Stimme deines Herzens folgst, wächst deine Kraft.

Die Disziplin des Herzens

Die Disziplin des Herzens heißt: Achtung und Achtsamkeit. Wenn du Achtung nicht empfindest, dann übe sie, indem du sie zu deiner Haltung machst. Habe Achtung vor dem wahren Wesen einer jeden Erscheinung; jedes Menschen, jedes Tieres, jeder Pflanze und jedes Teils oder Elements der Natur. Habe Achtung vor deinem eigenen Wesen. Kultiviere die Haltung der Achtung, indem du die Besonderheiten der Menschen, die dir begegnen, respektierst; respektiere auch deine eigenen Besonderheiten. Das bedeutet nicht, jede Eigenschaft und jedes Verhalten gutzuheißen; aber jedes Wesen, dich selbst eingeschlossen, in seinem Sosein zu respektieren. Respektiere auch deinen Schmerz, deine Trauer, deinen Zorn und deine sonstigen Gefühle; und ebenso die Gefühle der anderen.

Die Haltung der Achtung zu kultivieren, schafft deinem Herzen Raum und ebenso den Herzen der Wesen, mit denen du zu tun hast.

Der zweite Aspekt der Disziplin des Herzens heißt Achtsamkeit. Achtsamkeit bedeutet, nicht die Blume zu zertreten, die vor deinen Füßen wächst; nicht impulsiv zu reagieren, sondern, wenn eine Bemerkung, eine Handlung, ein Ereignis dich trifft, erst einmal innezuhalten und dein Herz zu fragen, was es davon hält. Achtsamkeit bedeutet, die Dinge, die Menschen, die Ereignisse und alles, was dir begegnet, so sehr zu achten, daß du ihnen deine sorgsamste Aufmerksamkeit angedeihen läßt, indem du mit ganzem Herzen anwesend bist in der Begegnung. Achtsamkeit bedeutet auch, dich zurückzuziehen, wenn du nicht in der Lage bist, mit ganzem Herzen anwesend zu sein.

Wenn du lernen möchtest, aus dem Herzen der Wahrheit heraus zu leben, dann übe Achtung und Achtsamkeit. Wenn du lernen möchtest, der Liebe zu dienen, dann übe Achtung und Achtsamkeit.

Wenn dein Liebster oder deine Liebste keine Zeit für dich hat, so wende dich nach innen und frage dein Herz, ob das, was du von ihm oder ihr wolltest, im gegenwärtigen Augenblick wirklich wichtig ist. Ist es wichtig, so störe ihn oder sie; ist es unwichtig, so lasse es fallen und respektiere seine oder ihre Beschäftigung.

Liebe mit aller Leidenschaft und Ungeduld, aller Zärtlichkeit und Eifersucht; aber übergib die Herrschaft deinem Herzen. So wird deine ungestüme Liebe verwandelt in Kraft und Schönheit.

Der Anfang

Am Anfang des Weges steht ein Beschluß.

Der Beschluß könnte lauten: »Ich bleibe unter allen Umständen der Liebe treu.« Oder: »Ich höre in allen Angelegenheiten auf die Stimme meines Herzens.«

Beschlüsse haben Kraft. Ein Mensch, der einen Beschluß faßt, macht sich die Macht des Universums in schöpferischer Weise zunutze. Wenn sein Beschluß ernst gemeint ist, arbeitet diese Kraft für ihn. Sie stützt und trägt und führt ihn in schwierigen Situationen; immer, wenn er nicht weiterweiß, wird er sich an seinen Beschluß erinnern, und seine Kraft wird erneuert werden.

Ein Beschluß ist nicht dasselbe wie ein guter Vorsatz; ein Beschluß ähnelt eher einem Gelübde. Gute Vorsätze können dich schwächen, weil du sie nicht ernst genug meinst, um dich wirklich an sie zu halten; und wenn du dich nicht an sie hältst, wirst du unzufrieden mit dir, und Unzufriedenheit mit dir selbst schwächt dich.

Ein Beschluß ist eine Erklärung der Macht. Er muß aus tiefstem Innern kommen, einer Erleuchtung gleich; dann kanalisiert er kosmische Kraft in die gewünschte Richtung.

Jedesmal, wenn du einen Beschluß gefaßt hast und ihn in die Tat umsetzt, wächst deine Macht und deine Freiheit.

Meditation

Meditation kann dir helfen, mit deinem Herzen in Fühlung zu kommen. Hier ist jene Meditation gemeint, bei der du einfach stillsitzt und deinen Atem wahrnimmst, während du im Herzen des Augenblicks anwesend bist. Das bedeutet, daß du dich nicht von Gedanken aus der Gegenwart forttragen läßt. Gedanken müssen nicht vertrieben werden; aber du sollst ihnen nicht erlauben, deine Aufmerksamkeit einzufangen.

Atme und nimmt alles wahr, was um dich und in dir geschieht; nichts weiter. Enthalte dich jeglichen Tuns; ruhe dich aus vom Tun und versenke dich ins Sein.

Geht dieses Versenken mit Entspannung einher, dann kehrt Ruhe ein. In der Ruhe kommst du zu dir, und wenn du zu dir gekommen bist, erwacht dein Herz.

Das Herz entscheiden lassen

Prüfe zuerst dein Herz, bevor du eine Entscheidung triffst, die dein Leben verändern kann. Richte dich nicht nach Überlegungen, nicht nach Berechnungen oder der Meinung anderer; nur nach deinem eigenen Herzen.

Prüfe, wo dein Herz beteiligt ist und wo nicht. Wähle immer den Weg, an dem dein Herz beteiligt ist. Und hast du einen anderen Weg gewählt, so gewinne dein Herz für diesen anderen Weg. Wenn dir das nicht möglich ist, verlasse ihn so schnell wie möglich.

Es gibt kein »richtig« und kein »falsch«; alles birgt Möglichkeiten, welchen Weg auch immer du wählst. Aber es gibt »wahr« und »unwahr«. »Wahr« ist alles, wo du eins bist mit dir; »unwahr«, wo Zwiespalt herrscht oder du gegen dein Inneres handelst.

Sehnsucht

Liebe muß wachsen können. In aller Freiheit und in alle Richtungen. Wenn du Musik liebst und dieser Liebe in deinem Leben keinen Raum gewährst, in dem sie sich manifestieren kann, behinderst du dein Wachstum. Immer wieder zu denken: »Ich sollte mal wieder Klavier spielen« oder »Ich sollte öfter Musik hören« ist weder besonders hilfreich noch richtungsweisend; oft entspringen derartige fruchtlose Vorsätze eher überholten Plänen aus der Vergangenheit als einem gegenwärtigen Bedürfnis des Herzens. Nein, deine Sehnsucht zeigt dir, wohin dein Herz wachsen möchte. Achte auf alles, was in deinem Herzen Sehnsucht weckt, und folge dieser Sehnsucht.

Es gibt zwei Arten, der Sehnsucht zu folgen: eine spontane, kindliche, unmittelbare; und eine reifere, tiefere, grundsätzlichere. Die eine ist nicht besser als die andere. Beide führen zum Ziel; zu dem Ziel, das in der Gegenwart liegt und heißt: aus der Wahrheit des Herzens heraus zu leben.

Du siehst ein Plakat, das eine Südseeinsel zeigt, und dieses Bild weckt Sehnsucht in dir. Die erste Art, dieser Sehnsucht zu folgen, besteht darin, in die Südsee zu reisen. Du wirst vielleicht einwenden, daß das nicht möglich ist, weil dir das Geld dazu fehlt. Aber so etwas gibt es nicht. Sehnsucht ist eine Kraft, die nach Verwirklichung strebt. Wenn du sie anerkennst und ehrst und ihr Raum gibst, dann wird sie dir Mittel und Wege zeigen, dein Ziel zu erreichen. Wenn die Sehnsucht nicht groß ist, trägt ihre Kraft dich nicht weit. Je größer die Sehnsucht, desto größer die Kraft, die dich zum Ziel deiner Sehnsucht treibt. Vorausgesetzt, du läßt deine Sehnsucht leben und vertraust ihrer Kraft.

Die zweite Art, der Sehnsucht zu folgen, besteht darin, dich geistig in das Ziel deiner Sehnsucht zu vertiefen, bis du hinter der äußeren Erscheinung des Ersehnten sein inneres Wesen entdeckst, und dich mit diesem innern Wesen zu verbinden. Indem du das tust, nimmst du seine Essenz in dich auf und erlaubst ihr, sich in deinem Wesen zu manifestieren. Vertiefe dich in das Bild, das deine Sehnsucht geweckt hat. Öffne dein Herz und laß es das Bild berühren. Dein Herz wird dir sagen, worin der wahre Inhalt deiner Sehnsucht besteht; und diese Essenz, die der wahre Gegenstand deiner Sehnsucht ist, ist nicht etwas, das fern von dir liegt: sie liegt jenseits von Raum und Zeit, und in deinem Herzen kannst du dich mit dieser Essenz verbinden, bis sie Teil von dir wird – und du von ihr.

Wenn du das tust – mit ganzem Einsatz, nicht nur oberflächlich – und danach die Sehnsucht nach deinem konkreten Ziel immer noch besteht und nicht geringer geworden ist, dann ist das beste, was du tun kannst, ihr auch im konkreten Sinne zu folgen. Hier geht es nicht (nur) darum, das innere Wesen des Ersehnten zu berühren, sondern dem konkreten Ziel der Sehnsucht auch in konkreter Weise zu folgen. Deine innere Führung ist am Werk und schickt dich aus Gründen, die dein Verstand nicht kennt und nicht kennen kann, auf jene Südseeinsel.

Die Freude des Herzens

Die Freude des Herzens kommt aus der Liebe. Die Liebe ist es, die dem Herzen Freude oder Leid verursacht.

Das Herz freut sich immer, wenn die Liebe wachsen kann, und leidet, wenn sie begrenzt oder blockiert wird. Dies ist nicht auf die Liebe zu einem Menschen oder zu Gott beschränkt; es bezieht sich ebenso auf Liebe, die einer Tätigkeit, einer Sache, einem Ort, einem Tier oder einer Pflanze gilt.

Wo immer die Liebe wachsen, sich bewähren und sich entfalten kann, empfindet das Herz Freude.

Wenn ein Mensch daran leidet, zuwenig Freude zu empfinden, so sollte er prüfen, in welchen Bereichen seine Liebe nicht wachsen und gedeihen kann und wo er sie eingrenzt oder blockiert.

In Beziehungen zwischen Liebenden kann es geschehen, daß ein Mensch seine Liebe deshalb begrenzt oder blockiert, weil sie entweder nicht erwidert wird oder nicht auf die Art erwidert wird, wie er es sich wünscht. Es ist nicht so, daß diese Begrenzung oder Blockierung der Liebe durch die geliebte Person verursacht wird; sondern er selbst, der Liebende, trifft die Entscheidung, seine Liebe zu begrenzen und nicht weiter wachsen zu lassen, weil er darunter leidet, daß sie nicht in der gewünschten Form erwidert wird.

Aber wenn das Herz sich verschließt, so verliert es seine Freude, und das Leben des Betreffenden verliert an Kraft, an Glanz und an Schönheit.

Wenn dieser Mensch seine Freude wiederfinden möchte, so muß er dafür sorgen, daß seine Liebe befreit wird von Groll und Enttäuschung. Groll und Enttäuschung mögen und dürfen existieren, aber die Liebe muß trotzdem bestehen und wachsen dürfen, wenn dieser Mensch seine Freude wiederfinden will.

◆◆◆

Die Freude des Herzens kommt aus der Liebe. Liebe ist Wachstum; Wachstum ist Freude.

Jede Öffnung zur Liebe, jede Handlung der Liebe, jedes Geschenk der Liebe versetzt das Herz in den Zustand der Freude. Die Öffnung, die Handlung, das Geschenk kann mit Schmerz und Schwierigkeit verbunden sein; dennoch bedeutet es Freude für das Herz.

Die Phasen der Liebe

Liebe, der man es erlaubt, sich zu entwickeln und zu reifen, geht durch verschiedene Stadien. Die Reihenfolge ist nicht immer die gleiche; auch der Beginn ist unterschiedlich. Manche Liebe beginnt als Freundschaft, manche als Leidenschaft.

Dennoch sind dies die Phasen, durch die jede Liebe, welcher Art sie auch sei, gehen kann, wenn man es ihr erlaubt, sich zu entfalten und zu verändern.

In der ersten Phase ist der Liebende einzig darauf bedacht, dem geliebten Menschen zu gefallen, um auf keinen Fall in Ungnade zu fallen. Die Angst vor dem Verlust der geliebten Person ist so groß, daß alle Impulse unterdrückt werden, etwas zu tun oder zu sagen, was auf Ablehnung stoßen könnte.

In dieser Phase ist es das wichtigste für den Liebenden, der nach dem Erwachen der wahren Liebe strebt, zu erkennen, daß seine Liebe vor allem ihm selber gilt, und sich dieser Wahrheit entsprechend zu verhalten, indem er sich sorgfältig und liebevoll um sich selber kümmert und sich auf diese Weise all die Liebe angedeihen läßt, derer er bedarf.

In einer zweiten Phase gilt das Interesse des oder der Liebenden vor allem der Beziehung selbst; er oder sie bemüht sich, alles zu tun, was die Beziehung festigt, und alles zu unterlassen, was die Beziehung untergraben könnte.

In dieser Phase gilt die Liebe in Wahrheit der Liebe selbst; dem Erleben von Lieben und Geliebtwerden in der Form, wie sie in dieser Beziehung erfahren werden kann. Der Liebende sollte sich dieser Wahrheit entsprechend verhalten, indem er sich in dieser Phase vor allem um die Liebe kümmert; darum, den Quell der Liebe in seinem eigenen Herzen zu entdecken, in ihm zu baden und von ihm zu trinken, um auf diese Weise die Liebe in seinem Herzen zu fördern.

In einer dritten Phase gilt das Interesse des Liebenden in erster Linie dem geliebten Menschen; in dieser Phase ist es sein Bestreben, alles zu tun, was dem Geliebten dienen könnte, und alles zu unterlassen, was ihm schaden könnte.

In dieser Phase sollte der Liebende, dieser Wahrheit entsprechend, all sein Bemühen darauf richten, dem Objekt seiner Liebe zu dienen, und um dies tun zu können, Kontakt aufnehmen mit dem tieferen Selbst des Geliebten, dessen innerste Essenz identisch ist mit seinem eigenen innersten Selbst. Seine Liebe und sein Bemühen sollten sich daher auf das wahre Selbst richten, das nichts anderes ist als Gott, der Geliebte in allen Geliebten und der Geliebte in ihm selbst.

In einer letzten Phase schließlich richtet sich die Liebe des Liebenden auf nichts – nicht auf ihn selbst, nicht auf den Geliebten und nicht auf die Liebe selbst, sondern sie *ist* einfach, strahlend, ungerichtet und unbewegt. Hier hat die Liebe ihre Vollendung und ihre Erfüllung erreicht, und hierzu gibt es nichts zu sagen.

Die erste Phase mag gewisse Ähnlichkeiten mit der dritten aufweisen: hier wie dort ist der Liebende bemüht, etwas für den Geliebten zu tun; aber sowohl die Motive als auch die Art des Tuns unterscheiden sich. In der ersten Phase ist sein Bemühen durch seinen Wunsch, den Geliebten zu halten, motiviert, beziehungsweise durch seine Angst, ihn zu verlieren; und sein Bemühen, zu dienen, ist auf die Person des Geliebten gerichtet. In der dritten Phase ist das Motiv hinter dem Bemühen Interesse um Wohlergehen und Entwicklung des Geliebten, was auch einmal bedeuten kann, etwas zu tun, was der Person nicht gefällt, beispielsweise ihr einen Wunsch nicht zu erfüllen.

Die letzte der geschilderten Phasen wird manchen als die von vornherein erstrebenswerte erscheinen; tatsächlich aber kommt niemand zu ihr, der nicht all die anderen durchlaufen und sich gemäß ihrer wahren Natur verhalten hat; wer nicht gelernt hat, sich um sich selbst zu kümmern, den Quell der Liebe in seinem Herzen zu finden und dem Geliebten wahrhaft zu dienen, wird auch der Liebe in ihrer Vollkommenheit nicht teilhaftig werden.

Liebe und Erfüllung

Wer liebt, der strebt nach Erfüllung seiner Liebe und findet den Gipfel dieser Erfüllung im Erleben der Gegenseitigkeit. Erst wenn er die gleiche Liebe, die in seinem Herzen brennt, im Herzen des Geliebten findet, fühlt er sich erfüllt.

Er will nicht nur überhaupt geliebt werden, sondern von dieser einen Person, der seine Liebe gilt; und von dieser nicht auf eine beliebige Weise, sondern auf eben die Weise, in der er selber sie liebt. Dieses Erleben von Gemeinsamkeit, Gegenseitigkeit und gleichem Empfinden ist Ekstase.

Das Streben nach dieser Ekstase entspricht der ersten Phase der Liebe. Wer gefangen ist in einer Liebe, die sich dieser Erfüllung entzieht, der flüchtet in Tagträume oder versinkt in Verzweiflung. Ist dieser Mensch jedoch der *Liebe* verpflichtet, so wird er sich auch in tiefster Verzweiflung noch glücklich wähnen, denn er weiß, daß die Liebe ihn erwählt hat. Keinesfalls wird er diese Liebe aus seinem Herzen und seinen Sinnen verbannen; im Gegenteil, er wird sich ihr öffnen, so weit er kann, und sie empfinden, so tief er kann. Er nährt die Sehnsucht in seinem Herzen und folgt ihren Winken; kein Schmerz ist ihm zu groß, kein Leiden zu schwer; er vertraut der Liebe, auch wenn er ihre verschlungenen Pfade nicht überblickt und ihre Wahl nicht versteht.

Wer sich so verhält, wird niemals fehlgehen; äußerlich mag er enttäuscht werden, und andere werden den Kopf schütteln über eine Unvernunft; seine Liebe aber wird wachsen mit jedem Schritt, dem Einen entgegen, dem alle Liebe gilt.

Die zweite Art der Liebe findet Erfüllung in einer stabilen Beziehung; in einer Beziehung, die flexibel genug ist, um Stürme zu vertragen, und fest genug, um Streit, Ärger, Veränderung und Entfremdung zu überdauern. Wer dieser Art Erfüllung entgegenstrebt, der kümmere sich vor allem darum, daß die Mauern seines Herzens durchlässig werden; daß er mehr und mehr verstehen und annehmen kann in seinem Herzen und weniger und weniger darum bemüht ist, sich zu schützen und zu verteidigen.

Wer so vorgeht, der bereitet den Boden für die Liebe, indem er geduldig und fleißig in seinem Herzen ihren Tempel errichtet.

Die dritte Phase der Liebe findet ihre Erfüllung in Glück und Wachstum des Geliebten; jeder Fortschritt des Geliebten bedeutet Glück für den Liebenden; jedes neue Talent des Geliebten, jede neue Freiheit, jede Äußerung von Schönheit, Wahrheit, Selbstvertrauen und Liebe, wem auch immer diese gilt, sind Glück für den, der auf diese Art liebt.

Wer dieser Erfüllung entgegenstrebt, der bemühe sich nach Kräften, sich zu befreien von eigenen Vorstellungen, was gut sei für den Geliebten und was nicht; er richte seine Aufmerksamkeit ausschließlich auf dessen wahres Selbst, das in seinem eigenen Herzen zu ihm sprechen wird, sobald er darum bittet.

Wer so vorgeht, ist dem Königreich nahe, und der *Geliebte* spricht zu ihm.

Die vierte Phase der Liebe ist Erfüllung in sich selbst. Wer so liebt, begegnet dem *Geliebten* in allem und allen und in jedem Augenblick; was sollte er missen?

Die vier Phasen treten nicht unbedingt streng getrennt auf, sie können auch ineinander übergehen; man kann auch einen Menschen auf diese und einen anderen auf jene Art lieben. Die letzte Phase, als immerwährend auf dem Grunde jeder Psyche existierender Zustand, kann in jeder anderen Phase durchschimmern.

Man denke sich also die Entwicklung der Liebe in den geschilderten vier Phasen nicht als eine lineare Abfolge, innerhalb derer man sich von Stufe zu Stufe vorarbeiten muß. Vielmehr existieren diese Phasen ineinander verwoben, und der Unterschied besteht nur in der zeitlichen Ausrichtung des Bewußtseins.

Jede Liebe, nicht nur erotische Liebe, auch Freundschaft, auch elterliche oder geschwisterliche Liebe, geht in mehr oder weniger klar erkennbarer Weise durch diese Phasen, vorausgesetzt, man erlaubt ihr, sich weiterzuentwickeln, und klammert sich nicht an einer Phase fest.

Die erste Phase ist nicht weniger wertvoll als die letzte; ebenso wie rot nicht weniger wertvoll ist als blau oder ein Kind nicht weniger wertvoll als ein alter Mensch. Auch ist ein Liebender, der sich mit seiner Liebe in der ersten oder zweiten Phase befindet, nicht weniger wertvoll als ein Liebender der dritten oder vierten Phase; seine Liebe kann eine Quelle ständiger Inspiration und Begeisterung für den Geliebten sein, wenn sie auf den trifft, der sie braucht und zu nehmen und zu erwidern versteht.

Man bilde sich also nicht ein, wertvoller oder weniger wert zu sein als ein anderer Mensch, weil die Liebe, die man zu dieser oder jener Person empfindet, sich in dieser oder jener Phase befindet. Und ebensowenig bilde man sich ein, man müsse von Phase eins zu Phase zwei gelangen und so fort.

Wenn man seine Liebe gemäß der ihr innewohnenden Wahrheit lebt, dann ist man in jedem Augenblick am richtigen Platz, und die Entwicklung geschieht in vollkommener Weise gemäß den geheimnisvollen Gesetzen des Lebens, die jeden in seiner Einzigartigkeit entfalten.

Die Pflege des Herzens

Hier ist nicht vom physischen Organ Herz die Rede, sondern vom Herzen als Wesenszentrum. Dennoch kann auch das physische Herz davon profitieren, wenn die hier gegebenen Empfehlungen befolgt werden.

Das Herz braucht Zuwendung, Aufmerksamkeit und Nahrung. Es will mit Achtsamkeit, Behutsamkeit und Sanftheit behandelt werden.

Welche Art von Zuwendung braucht das Herz?

Die richtige Zuwendung besteht darin, einen Teil Gewahrsein in jeder Situation beim Herzen zu lassen. Es gibt auch Zeiten, in denen das Herz völliger Zuwendung bedarf; in Meditation, Gebet oder tiefer Selbstbefragung und ebenso in Situationen, die mit Trauer, seelischem Schmerz oder anderen tiefen und starken Emotionen verbunden sind. Hier bedarf das Herz völliger Zuwendung nicht nur für einen Augenblick, sondern solange, wie es sie braucht.

Welche Art von Aufmerksamkeit braucht das Herz?

Die Regungen des Herzens wollen aufmerksam wahrgenommen werden; fühlend wahrgenommen, nicht analysierend und begutachtend. Nur ein Mensch, der weder den Regungen seines Herzens blind folgt noch sie fürchtet oder unterdrückt, sondern sie aufmerksam wahrnimmt, kennt sich selbst genügend, um sich und der Welt ehrlich und aufrichtig begegnen zu können. Auch der Zustand, in dem das Herz sich befindet, verdient Aufmerksamkeit, denn dieser Zustand ist nichts anderes als die innere Realität, die du gerade erlebst.

Welche Art von Nahrung braucht das Herz?

Das Herz bezieht seine Nahrung aus Begegnung. Jedwede Begegnung – mit Mensch, Pflanze, Tier, Wind, Sonne oder dem eigenen innersten Selbst – versorgt das Herz mit der Nahrung, die es braucht, um zu wachsen, sich zu entfalten, zu weiten, zu erheben und zu vertiefen. Allerdings ist es möglich, daß du am Tag Hunderte von Wesen triffst, ohne einem von ihnen zu begegnen, weil deine Aufmerksamkeit überall weilt, nur nicht bei deinem Herzen und bei dem Herzen der Wesen, die du triffst. Solche Begegnungen sind keine Nahrung für das Herz.

Teilst du aber in deinem Herzen die Stimmung, das Gefühl oder die Erkenntnis eines anderen oder teilst du deine Stimmung, dein Gefühl oder deine Erkenntnis mit einem anderen, dessen Herz dir geöffnet und zugewandt ist, so ist das Nahrung für dein Herz.

Die eigentliche Nahrung des Herzens ist Schönheit; nicht die Schönheit, die die Augen sehen, sondern die Schönheit, die das Herz fühlen kann. Diese Schönheit ist es, die das Herz in einer Begegnung findet, wie die Biene in einer Blüte den Nektar, und es findet diese Schönheit im Schmerz wie in der Freude – in allem, was es in Wahrheit und Tiefe erlebt.

Was bedeutet es, das Herz mit Achtsamkeit, Behutsamkeit und Sanftheit zu behandeln?

Es bedeutet, dich selbst so zu behandeln, wie du vom besten und weisesten aller Freunde, der dich ganz und aufrichtig liebt, behandelt werden möchtest. Und die Menschen, die du liebst, so zu behandeln, wie dein Herz es dir eingibt. Denn dein Herz weiß immer, was deine Geliebten fühlen, was sie brauchen und wonach sie sich sehnen; du brauchst weder zu versuchen, es aus ihrem Gesicht abzulesen, noch ihre Gedanken zu erraten; du brauchst nur auf dein Herz zu hören, und sie werden von dir genau die Behandlung erfahren, derer sie bedürfen.

Suche die Nahrung des Herzens nicht am falschen Ort! Trachte nicht danach, Begegnung herbeizuführen, sondern sei offen für das, was dir begegnet.

Was kannst du tun, um dich beständig auf dein Herz einzustimmen? Übe lauschen. Lausche der tieferen Stimme, die sich unter dem hellen Geplapper der Gedanken verbirgt; lausche der Melodie des Windes und der Worte, der Blätter und des Wassers, des Vogelgesangs, des Atems und des Herzschlags ... Lausche.

Das Ohr ist dem Herzen näher als das Auge.

Verweigerung, Enttäuschung und Erfüllung

Oft tritt Liebe auf als Feindschaft getarnt. Wenn dein Liebster dein Feind wird, weil er dir nicht gibt, was du wünschst, oder du ihm verweigerst, was er verlangt, so steckt hinter dieser Verweigerung in Wahrheit die Liebe. In der Verweigerung sagt die Liebe: »Du suchst mich am falschen Ort! Du hast dein Herz an einen Menschen verloren – gib es mir, und du bekommst alles, was du brauchst!«

Ist dein Geliebter dein Feind geworden, so erinnere dich an die Liebe, deinen wahren Freund.

Nichts ist dir feind, wenn die Liebe bei dir ist.

Mach dir die Liebe zum Freund, zum Geliebten, zum Objekt deiner Liebe, deines Verlangens und deiner Anbetung.

Binde dich, an wen du magst, oder binde dich nicht; doch wenn du einen Menschen liebst, dann hänge dein

Herz nicht an ihn, sondern an die Liebe. So kannst du ihn lieben mit aller Macht der Liebe und bist ihm immer das, was er braucht. Laß die Liebe entscheiden, was du tust, nicht das Verlangen.

Verlangen zeigt dir, was du brauchst. Richte es auf die Quelle alles Guten; erbitte, wonach du verlangst, von der Quelle. Wisse dein Verlangen erhört und folge in allem der Stimme deines Herzens.

So ist dir Erfüllung sicher. Läßt du dich aber von Verlangen treiben, ohne auf dein Herz zu hören, so ist dir Enttäuschung gewiß.

Hast du lange in der Enttäuschung gelebt, so bist du sozusagen zu Hause in ihr. Erfüllung zu finden in dem, was dir von anderen entgegengebracht wird, wird dir immer schwerer, je mehr du in der Enttäuschung zu Hause bist. Du sehnst dich nach Erfüllung; aber du bist schon zu lange in der Enttäuschung zu Hause, um sie einfach hinter dir zu lassen.

Nur dein Herz kann deine Enttäuschung heilen; keine noch so große, noch so schöne, noch so tiefe Emotion, Geste oder Handlung eines anderen, die dir gilt, bringt dir Erfüllung, solange du in der Enttäuschung zu Hause bist.

Überantworte deine Enttäuschung deinem Herzen. Jeden Funken, jeden Hauch, jeden Schwall von Enttäuschung, der in dir auftaucht, nimm sogleich in dein Herz auf. Laß dein Herz sich seiner erbarmen; laß dein Herz deine Enttäuschung in Liebe umfangen, wieder und wieder, bis deine ganze Enttäuschung, dein ganzer Jammer von Kindesbeinen an Zuflucht gefunden hat in deinem Herzen.

Finde dann die Sehnsucht, die deiner Enttäuschung zugrunde liegt, und überantworte sie deinem Herzen. Fühle deine Sehnsucht mit allen Fasern deines Herzens und verlange Erfüllung von der Quelle allen Seins.

Liebe schenkt immer Erfüllung, Liebe verweigert nichts und hält nichts zurück.

Das Herz und das innere Kind

Ein Teil von dir ist Kind. Es ist der kindliche Kern deiner Psyche, und er bleibt immer kindlich, so erwachsen du auch werden magst. Es ist nicht so, daß dieses innere Kind eigentlich zu einem Erwachsenen heranreifen sollte, sich aber weigert; sondern dein kindlicher Kern bleibt immer kindlich, das Erwachsensein aber wirst du eines Tages ablegen, wenn du es nicht mehr brauchst.

Der Kern deines wahren Wesens ist ein Kind. Das Kind baut um sich herum Jahresring um Jahresring, Hülle um Hülle, Erfahrung um Erfahrung; im Kern aber bleibt es Kind. Die Jahresringe und die Hüllen werden vergehen, nicht aber der kindliche Kern. Er ist es, der die Leben und die Welten durchwandert auf der Suche nach neuen Abenteuern, neuen Entdeckungen, neuen Erlebnissen. Er erfreut sich an Abenteuern und Erlebnissen, aber sie berühren, belasten und verändern ihn nicht; er bürdet sich nicht die Last der Erinnerung auf, sondern bleibt unbeschwert und rein.

Dieser kindliche Kern deines Wesens, das Kern-Kind, das ewig reine, das Engelskind in dir ist es, das dir helfen kann, dein Herz zu öffnen. Dieses Kind hält den Schlüssel des Herzens in Händen und zugleich den Schlüssel des Himmels.

Um dieses Kern-Kind, den heilenden, reinen, freien Kern deines Wesens zu erreichen, mußt du beginnen, mit dem Kind, das du einst warst und das immer noch als Teil von dir existiert, zu kommunizieren. Dieses »historische Kind« plagt sich mit allerlei Nöten, Ängsten und Verletzungen, die es erlitten hat, als du klein warst und den Machtpersonen deiner Umgebung ausgeliefert. Das »historische Kind« braucht deine Aufmerksamkeit und Zuwendung; ihm mußt du Mutter und Vater sein, bereit, seinen Kummer zu teilen, seinen Schmerz zu fühlen und unter allen Umständen für es da zu sein. Sobald du das tust, kann es sich entspannen und zu seiner ursprünglichen Natur zurückkehren, die unschuldig, heil, rein, unbelastet und unbegrenzt schöpferisch ist. Ist das geschehen – und es geschieht nicht ein- für allemal, sondern täglich von neuem durch Aufmerksamkeit –, haben Liebe, Gnade, Vergebung, Freude und Mitgefühl es leichter mit dir, denn das Herz des Engelkindes ist vollkommen offen; von ihm kannst du lernen, offen zu sein.

Emotionale Bedürftigkeit und die Liebe des Herzens

Das Herz erbarmt sich aller Bedürfnisse, der großen wie der kleinen. Trost zu spenden, Liebe zu geben und zu verstehen ist seine Natur. Du mußt es ihm nur erlauben!

Wenn du deinem Herzen nicht erlaubst, sich um deine emotionalen Bedürfnisse zu kümmern – beispielsweise wenn du sie verurteilst oder für nicht der Rede wert hältst –, dann suchen sie ein anderes Herz, das sich ihrer erbarmt. Dann trägst du dein Bedürfnis nach

Liebe, Trost und Verständnis zu anderen Menschen, in der Hoffnung, daß sie sich seiner annehmen. Da du dich deiner Bedürftigkeit schämst, verkleidest du sie als Liebe, als Zärtlichkeit, Mitgefühl oder als Anteilnahme am Geschick des anderen. Dieser aber spürt dein Bedürfnis, er fühlt den Hunger unter deinen Gesten oder Worten der Zuwendung, und er antwortet auf ihn entsprechend seiner psychischen Verfassung. Ist er zufrieden und in Geberlaune, so gibt er dir, was du brauchst, oder versucht es jedenfalls; ist er gerade selber emotional hungrig, erschöpft, schlecht gelaunt oder mag dich nicht, so wird er mit Abwehr reagieren. Je weniger dir dieser Vorgang bewußt ist, desto größer ist dein Schmerz, wenn du in verdeckter oder offener Weise zurückgewiesen wirst.

Erlaubst du jedoch deinem Herzen, sich um deine emotionalen Bedürfnisse zu kümmern, dann erhältst du alles, was du brauchst, und alles zur richtigen Zeit. Das Herz stillt jeden Mangel.

Sobald du ein Bedürfnis nach Liebe, Trost und Verständnis in dir auftauchen fühlst, wende dich an dein Herz und bitte es, sich darum zu kümmern. Wende dich dann mit ganzer Aufmerksamkeit dir selber zu, sei ganz eins mit dir, mit deinem Körper, deinem Atem, deinen Gefühlen, während du mit deinem Herzen in Fühlung bleibst. Überlasse dem Herzen dann alles weitere. Das ist der Weg zur Erfüllung.

Auch hier geht es um Achtung und Achtsamkeit. Du mußt deine Bedürfnisse achten; zu sehr achten, als daß du sie der Laune und Willkür eines anderen auslieferst. Achte dich selbst! Achte dich so sehr, daß du dich mit größter Sorgfalt um dich kümmerst! Und achte deinen Partner, deine Mitmenschen, deine Freunde und Verwandten! Achte sie so sehr, daß du sie mit der

Last deiner emotionalen Bedürfnisse verschonst und sie nicht in Situationen hineinzwingst, in denen sie gar nicht anders können, als sich entweder zu verstellen oder ins Unrecht zu setzen! Noch einmal in Großschrift:

ACHTE DICH SELBST
so sehr, daß du dich um deine Bedürfnisse
kümmerst,
anstatt sie der Laune und Willkür anderer
auszusetzen,
und

ACHTE DEINE MITMENSCHEN
so sehr, daß du sie mit der Last
deiner emotionalen Bedürfnisse verschonst
und ihnen die Freiheit gewährst,
sie selbst zu sein.

Das ist für manche eine harte Lektion; vielleicht die härteste, die sie zu lernen haben. Für diejenigen, die besonders mit diesem Kapitel Probleme haben, steht am Anfang dieser Lektion das Gebot

KÜMMERE DICH UM DEINE BEDÜRFNISSE!
ACHTE SIE!

Wirst du nicht deinem Hund Wasser zu trinken geben, wenn er durstig ist?

Genau das denkst du vielleicht auch und fragst dich, warum nicht dein Partner, der dich doch angeblich liebt, dir die Zuwendung gibt, nach der du verlangst. Er wird das tun oder auch nicht, je nach seinem momentanen Vermögen. Ein Mensch ist kein unerschöpflicher

Quell der Liebe. Mal sprudelt und fließt die Liebe in ihm und mal nicht. Willst du davon abhängig sein?

Du wünschst Befreiung? Befreien kannst du dich nur selbst, und zwar durch Bereitschaft zur Befreiung.

Bist du bereit?

Dann gib dir jetzt, an dieser Stelle, ein Versprechen: Sobald ein emotionales Bedürfnis in dir auftaucht, wirst du dich deinem Herzen zuwenden und diesem Bedürfnis erlauben, in dein Herz aufgenommen zu werden. Schenke ihm all deine Aufmerksamkeit, Achtung und Zuwendung, bevor du die Aufmerksamkeit anderer forderst! Hier nämlich liegt das Problem: Du selbst verweigerst deinem Bedürfnis die Aufmerksamkeit, die es braucht; bevor sich deine Aufmerksamkeit noch einschalten kann, wendest du dich schon an deinen Partner und verlangst von ihm, daß er dein Bedürfnis erfüllt. Da das ganze aber mehr oder weniger unbewußt vor sich geht, findet dein Verlangen keinen klaren Ausdruck, und dein Partner hat nicht die Möglichkeit, in klarer Weise darauf einzugehen; es sei denn, er ist ein achtsamer Mensch mit einem offenen Herzen und nimmt wahr, was in deinem Innern vor sich geht.

Zuerst also kümmere dich selbst um deine emotionalen Bedürfnisse, indem du ihrer gewahr wirst, sobald sie auftauchen, und sie bewußt empfindest. Nimm sie in dein Herz auf und bitte dein Herz – besser gesagt, bitte das Herz aller Herzen, bitte Gott – um Erfüllung dieser Bedürfnisse. Dieser kleine innere Vorgang kann in Sekundenschnelle geschehen, wenn du dich ernsthaft und entschieden um dich kümmerst. Andere brauchen es nicht wahrzunehmen.

An der ersten Stelle dieser Lektion steht also ein Verzicht: der Verzicht darauf, andere Menschen verantwortlich zu machen für dein Wohlergehen. Das bedeutet nicht, daß du ein- für allemal darauf verzichten mußt, von anderen Liebe, Zuwendung, Trost oder dergleichen zu erhalten; keine Angst: Das Universum hält genug davon für dich bereit.

Der Verzicht bezieht sich vielmehr auf das Verlangen und auf die Erwartung. Erwarte und verlange dein Heil grundsätzlich nicht von anderen. Unterdrücke und verleugne dein Verlangen nicht; im Gegenteil: Widme ihm Aufmerksamkeit; empfinde es mit ganzem Herzen, ganzem Körper, ganzer Seele; sei eins und einverstanden mit ihm; wisse, daß dieses Verlangen das Mittel ist, durch das die göttliche Sehnsucht in dir wirkt und dich formt. Nimm dein Bedürfnis an und dein Verlangen. Sei eins mit ihm. Auch wenn es sich auf eine bestimmte Person und keine andere bezieht: Nimm es als gegeben vom *Geliebten* selbst.

Ist dein Verlangen nach Nähe und Zuwendung eines bestimmten Menschen sehr mächtig, dann trage es in deinem Herzen und hüte und nähre es. Doch bleibe voller Achtsamkeit in der Gegenwart des betreffenden Menschen; empfinde dein Verlangen mit ganzem Herzen, doch behalte es für dich.

Nur in Momenten vollkommener gegenseitiger Offenheit gib es dem anderen preis, um als Gegengeschenk das seine zu empfangen.

Niemals aber gib dein Verlangen preis, wenn die Zeit dafür nicht reif ist. Jede Preisgabe im falschen Moment oder der falschen Person gegenüber schwächt dich.

Dein Herz halte weit offen, doch die Geheimnisse deiner Psyche behalte für dich. Wenn du sie hütest und nur mit dem *Geliebten* teilst, sind sie ein heiliger Schatz, aus dem dir Liebe und die Glückseligkeit innerer Erfüllung wachsen. Gibst du sie aber Menschen preis, werden sie mißverstanden, mißachtet und entweiht.

Du mußt dich achten, wie du eine Königin achten würdest, die in deine Obhut gegeben ist. Wirst du sie der Willkür und dem Gelächter der Menschen aussetzen? Du mußt deiner Königin Diener und Beschützer sein; du mußt sie umhätscheln und versorgen und zugleich mit größter Ehrfurcht behandeln. Die Königin ist deine Seele; ihr irdisches Abbild ist deine Psyche. Deine Psyche ist sozusagen der Leib deiner Königin.

Es ist an dir, die Wunden, die dieser kostbare Leib erlitten hat, zu reinigen und zu pflegen. Es ist an dir, ihn vor weiteren Verwundungen zu schützen.

Beleidigter Rückzug nach erfolgter Kränkung ist allerdings kein Schutz. Der Schutz besteht in Achtsamkeit; darin, wach zu sein und deine Bedürfnisse, sobald sie auftauchen, bewußt zur Kenntnis zu nehmen und dich sofort um sie zu kümmern. Übe das mit den Bedürfnissen deines Körpers, deines inneren Kindes, deiner Psyche. Wenn du unbequem sitzt, kümmere dich sofort darum, bequemer zu sitzen. Wenn du Durst hast, trinke sofort etwas. Wenn die Gesellschaft dir zu laut ist, ziehe dich sofort zurück. Wenn du das Bedürfnis nach Zuwendung verspürst, wende dich dir sofort zu. Schiebe nichts auf. Übe dich darin, schnell zu sein. Wenn dein Baby schreit, wie lange wirst du warten, bis du dich um es kümmerst?

Deine Bedürfnisse sind heilig. Ihre Erfüllung ist ein heiliger Akt. Denk nur an den Säugling, der Hunger hat, und an die heilige Stille des Stillens; was könnte heiliger sein? Ebenso verhält es sich mit all deinen Bedürfnissen. Das Essen ist ein heiliger Akt, ebenso das Trinken; ebenso die sexuelle Vereinigung. Das gleiche gilt für deine emotionalen Bedürfnisse. Sie sind heilig. Deshalb mußt du sie achten und schützen und ehren. Bringe sie nur dann zu einem anderen Menschen, wenn du ihnen Aufmerksamkeit gewidmet hast und dir dein Herz sagt, daß es der richtige Mensch und der richtige Augenblick ist. Ist das nicht der Fall, so beschränke dich darauf, deine Bedürfnisse deinem eigenen Herzen zu überantworten und um Erfüllung zu bitten. Auf welche Weise, wann und durch wen die Erfüllung sich einstellt und ob von innen oder von außen, das überlasse vertrauensvoll dem göttlichen *Liebhaber*!

◆

Wisse dich immer geliebt, auch wenn niemand da ist, der dich streichelt. Streichelt dich nicht dein Atem? Streichelt dich nicht der Wind? Wohnt nicht der *Geliebte* in deinem Herzen? Gibt es irgendeine Wonne, die zu vergleichen wäre mit einer Begegnung mit ihm? Gibt es irgendeinen Zauber, der größer wäre als der Zauber des Lebens in jedem Moment? Fühlst du das Blut in deinen Adern kreisen? Ist das nicht Liebe? Ist das nicht Zauber? Ist das nicht Wunder? Fühlst du deinen Atem? Fühlst du den Wind? Fühlst du dein eigenes Leben? Fühlst du das Leben um dich? Spürst du es? Es ist Liebe! Es ist ER! Es ist SEINE Gegenwart! Und ebenso ist Seine Gegenwart in deiner Sehnsucht, in jedem echten Bedürfnis, das du verspürst. Es ist SEIN Verlangen, SEINE Sehnsucht. Du hast teil an Seiner Sehnsucht auf deine Weise; und ebenso teil an der heiligen Kommunion der Erfüllung.

So heilig ist sie, die Erfüllung, daß sie verborgen werden muß wie ein kostbares Geheimnis. Erlebst du sie zu zweit, in den Armen deines Liebsten oder in einem Austausch von Blicken oder Worten, dann empfange die Verzückung in deinem Herzen wie das heilige Brot des Abendmahls und breite den Schleier der Andacht und des Schweigens darüber. Sprich weder mit deinem Liebsten darüber noch mit anderen Menschen; noch nicht einmal mit dir selbst.

Findest du keine Erfüllung in einer Begegnung, dann hast du nicht auf dein Herz geachtet. Erfüllung muß nicht daraus resultieren, daß du das erhältst, was du dir vorgestellt hast; Erfüllung kommt aus der Kommunion, der Vereinigung, der tiefen Begegnung. Begegnung kann auch mit Worten einhergehen, die dir Schmerz verursachen; wenn es Worte der Wahrheit sind und aus tiefstem Herzen gesprochen, so können sie dir, wenn du dein Herz zu öffnen vermagst, Erfüllung geben.

Wenn der König, der in deine Obhut gegeben ist, durstig ist, so wirst du ihm nur das Beste zu trinken geben, nicht wahr? Wenn er Hunger hat, so wirst du ihm nicht irgend etwas vorsetzen; du wirst die Köche, die seine Nahrung zubereiten, mit Sorgfalt auswählen. Genauso sollst du umgehen mit dir selbst. Achtung und Sorgfalt sollst du dir angedeihen lassen. Es ist der König der Könige, den du in dir ehrst. Er hat deinen Körper, deinen Geist, deine Psyche zu seinem Palast erkoren; ist das nicht Grund genug, dich zu achten und zu ehren? Der König der Könige ist die Seele deiner Seele, das Herz deines Herzens, das Ich deines Ichs, das Wesen deines Wesens. Wenn du dich selber nicht achtest, verachtest du Ihn.

Dich unwürdig zu fühlen, dein Ich zu verachten, ist falsch verstandene Religiosität. Das bringt dich Gott nicht näher; es entfernt dich von ihm. Denkst du mit ihm und fühlst du mit ihm, so bist du ihm nah; und er, der die Liebe selbst ist, er, der dich schuf aus Liebe und dein Wachstum und Gedeihen, dein Glück und deine höchste Erfüllung ersehnt, er, der in jedem deiner Atemzüge anwesend ist – er sollte dich geringschätzen? Dich unwürdig finden? Dich verachten?

Fühlst du, wie sehr ein solches Denken, eine solche Selbstverachtung und -erniedrigung dich von ihm entfernt? Fühlst du den *Geliebten* in dir trauern, wenn du dieses kostbare Geschenk verachtest – deinen Leib, deinen Geist, deine Psyche? Ein Juwel auf seiner Stirn, eine Blume in seinem Garten, eine Freude in seinem Herzen, eine Erfüllung seiner Sehnsucht sollst du sein. Dazu bist du geschaffen. Eine Königin zu sein, ein König! Nicht ein Bettler.

Wenn ein Mensch seine emotionalen Bedürfnisse an dich heranträgt, damit du sie erfüllst – ob sein Verlangen nun offen geäußert oder verdeckt an dich herantritt –, so achte auf dein Herz. Gib ihm oder gib ihm nicht, was er verlangt, je nachdem, was dein Herz befiehlt.

Hörst du nicht auf dein Herz, so reagierst du auf die verdeckten oder offen geäußerten Forderungen deines Partners oder sonstiger Mitmenschen entsprechend deiner psychischen Verfassung. So kann eine Kette von Reaktionen sich entfalten, die jeden Beteiligten in seinen vorgefaßten Ansichten und seinem Verhaltens- und Gefühlsmuster bestärkt.

Hörst du jedoch auf dein Herz, so gibst du der Wahrheit Raum; kein Muster, keine Gewohnheit, kein Vorgefaßtes kann dich beherrschen, wenn die Wahrheit sich äußert.

Das Herz weiß immer, was in Wahrheit gebraucht wird; Wärme oder Kälte, Zustimmung oder Ablehnung, Weichheit oder Härte. Die Stimme des Herzens ist die

Stimme der Wahrheit. Wenn du dich in einer Situation befindest, in der du verwirrt bist und nicht in der Lage, festzustellen, was dein Herz sagt, so frage dich: Was ist die Wahrheit in dieser Situation?

Die Stimme der Wahrheit ist die Stimme der Liebe; es ist jedoch nicht die Liebe, die du als süße oder freundliche Emotion empfindest; nicht deine persönliche Empfindung ist gemeint, sondern die Liebe, die alles bewegt, die allem zugrundeliegende Liebe Gottes. Sie ist es, die durch dich handelt, wenn du gemäß deiner Wahrheit lebst und handelst.

Verwechsele sie nicht mit deiner persönlichen Emotion ›Liebe‹! Verwechsele sie auch nicht mit Freundlichkeit, Herzlichkeit und der grundsätzlichen Bereitschaft, die Wünsche anderer zu erfüllen! Die Liebe Gottes ist zu groß, als daß du sie erfassen könntest; sie ist die Wahrheit, die allem, was ist, zugrunde liegt. Im Zorn kann sie sich ebenso äußern wie in der Zärtlichkeit, im Ja ebenso wie im Nein.

Handle nur entsprechend deiner eigenen inneren Natur und mache dir keine Sorgen darüber, ob dein Handeln Liebe ausdrückt oder nicht. Lebst du Wahrheit, sprichst du Wahrheit und handelst du entsprechend der Wahrheit deines Herzens, so ist alles, was du tust, Ausdruck und Mittel der Liebe.

Gemeint ist hier die Wahrheit deines Herzens und nicht deine psychologische Programmierung. Tritt dein Partner an dich heran mit dem Bedürfnis nach Zärtlichkeit, und du reagierst darauf mit heftiger Abwehr, dann ist die Abwehr nicht die Wahrheit deines Herzens, sondern die Reaktion deiner Psyche gemäß ihrer Prägung.

Wende dich an dein Herz, wenn dein Partner mit seinem Bedürfnis an dich herantritt. Steckst du schon mitten in deiner Reaktion, so nimm dich zuerst der in dir ausgelösten Gefühle an; nimm sie wahr und schließe sie ins Herz. Dann öffne dein Herz deinem Partner. Nimm das, was ihn bewegt, mit dem Herzen wahr, und handle, wie dein Herz es dir eingibt.

Das heißt, die Situation dem Herzen überantworten.

Ungeliebt sein

Du fühlst dich ungeliebt. Vielleicht warst du ein unerwünschtes Kind; deine Eltern wollten dich nicht haben. Bis heute leidest du darunter, nicht genug Liebe bekommen zu haben, und liebst dich deshalb auch selbst nicht.

Erwache! Du bist ein Kind des Lebens. Das Leben hat dich in diese Welt gesetzt, damit du seiest – du darfst sein! Deine Eltern hast du benutzt als Vehikel, um dich in diese Welt zu transportieren. Nun bist du da; kräftig und erwachsen, mit allem ausgerüstet, was du brauchst, um in dieser Welt zu bestehen. Du brauchst kein Vehikel mehr.

Wenn du Liebe brauchst: Liebe dich selbst! Wer ist besser befähigt, dich zu lieben, als du selbst! Wer weiß besser, was du brauchst, als du selbst! Wer ist häufiger mit dir zusammen als du selbst!

Kein bitteres sich Fügen ins Unvermeidliche ist gemeint; sondern freudige, kraftvolle Selbstliebe. Frage dich am Morgen: Wie geht es mir heute? Was brauche ich? Was wünsche ich mir für heute? Was wünscht das Kind in mir? Was kann ich tun, damit es glücklich ist?

Und dann tue das.

Das ist Selbstliebe. Sie läßt sich in jedem äußeren Rahmen praktizieren. Achte auf die Stimme deines Herzens; folge deiner Sehnsucht; pflege deine Kreativität; sei gut zu deinem Körper; lehne ab, was dir nicht guttut; erkenne, daß das, was andere denken, fühlen, tun und sagen, ihre eigene Sache ist und deine Person weder schmälern noch verletzten noch erniedrigen noch verringern kann. Das ist Selbstliebe.

Wende dich schließlich an die Liebe selbst, die Quelle allen Seins und Mutter und Vater deines Lebens, und bitte sie, deine Wunden zu heilen, deine Mängel zu erfüllen und mit aller Macht in dein Herz und dein ganzes Selbst zu strömen.

Sich Raum schaffen, Grenzen setzen und die Raumqualität des Herzens entfalten

Du leidest darunter, psychisch oder physisch nicht genügend geschützten Raum für dich selbst zu haben? Dann gehe in dich und finde Raum. Schließe die Augen und ziehe dich nach innen zurück, bis du Raum findest, in dem du nicht störbar bist.

Tue es jetzt gleich, wenn das Thema dich betrifft. Unterbrich das Lesen. Laß dir Zeit. Atme ruhig.

Hast du Raum in dir gefunden? Raum, der nicht durch äußere Einflüsse oder Eindrücke störbar ist? Heiligen Raum?

Mit welcher Einstellung, welchem Körpergefühl ist es verbunden, wenn du dich in diesem Raum aufhältst? Präge es dir ein, damit du es üben kannst.

Übe das täglich, wenn du darunter leidest, zuwenig Raum zu besitzen, in welcher Hinsicht auch immer.

Nun weiter: Gehe noch einmal in dich und fühle die Ausdehnung deines inneren Raums. Wie groß ist der Raum, in dem dein Bewußtsein sich aufhält, wenn du dich geschützt und unstörbar fühlst?

Kannst du ihn fühlen? Bekommst du irgendeinen Eindruck von diesem Raum? Ist der Raum klein oder groß? Schmal oder breit? Wo lokalisierst du ihn in deinem Energiefeld, deinem Körper?

Diesen Raum mußt du ausdehnen, wenn du in der psychischen und physischen Welt mehr Raum einnehmen möchtest oder, besser gesagt, den Raum in Besitz nehmen möchtest, der dir gehört (anstatt ihn von anderen besetzen zu lassen).

Wenn du diesen Raum ausdehnen möchtest, dann mußt du ihn zuerst einmal einnehmen, so klein er auch sein mag. Übe bei jeder Gelegenheit – dreimal, viermal, zwanzigmal am Tag und öfter –, dich in diesen unstörbaren Raum zurückzuziehen und ihn mit deiner Anwesenheit zu füllen. Übe es zunächst mit geschlossenen, dann mit offenen Augen, erst allein, dann unter Menschen, mit denen du nichts zu tun hast, zum Beispiel auf der Straße oder im Kaufhaus, dann im direkten Kontakt mit Einzelnen. Sei dir dabei der Außenwelt und aller inneren und äußeren Vorgänge bewußt und halte gleichzeitig soviel wie möglich von deiner Aufmerksamkeit und Gegenwart in deinem unstörbaren inneren Raum. Indem du diesen mehr und mehr füllst mit Anwesenheit – mit dir selbst –, dehnt er sich von allein aus.

Das ist der einzige Weg zu dauerhafter Ausdehnung. Er mag beschwerlich und anstrengend sein, aber es ist der Weg der Wahrheit. Den Raum künstlich auszudehnen durch Visualisieren, Arbeit mit Affirmationen und dergleichen führt nur zu vorübergehenden Resultaten.

Tatsächlich mußt du lernen, in deinem eigenen heiligen Raum anwesend zu sein; das ist alles. Und du lernst das, indem du es übst. Keine einfache Technik, kein Trick kann dir das abnehmen.

Wenn du deinen Raum und den anderer einengst oder zu zerstören versuchst, dann ist die Raumqualität deines Herzens nicht entwickelt beziehungsweise wird an der Manifestation gehindert, und zwar durch Angst.

Prüfe, welche Angst dich daran hindert, deinen Raum einzunehmen und zu behaupten und anderen ihren Raum zuzugestehen. Prüfe es jetzt gleich! Unterbrich die Lektüre.

Sehr oft ist es die Angst, verlassen zu werden, die dahintersteckt.

Welche Angst es auch sein mag: finde sie, mache sie dir bewußt, indem du sie fühlst, und schließe sie ins Herz. Nimm dich des Teils von dir an, der Angst hat, und gewähre ihm den Schutz deiner Liebe, deiner Gegenwart, deiner Aufmerksamkeit. Nicht nur einmal, sondern solange es nötig ist.

Ist diese Angst ins Licht des Bewußtseins gehoben und in der Liebe des Herzens geborgen, dann kann das Herz seine Raumqualität manifestieren. Wenn du diese Manifestation fördern möchtest, dann halte dich viel in der Gegenwart von Menschen auf, die diese Qualität entwickelt haben, das heißt, deren Herz Platz hat für alles und jeden. Denn Liebe ist ansteckend.

Die Raumeigenschaft des Herzens bewirkt Annehmen und Respektieren. Ist diese Eigenschaft entwickelt, dann bist du in der Lage, dich selbst anzunehmen und zu respektieren mit allem, was du bist und fühlst, und ebenso andere.

Tust du das, dann schaffst du Raum in deinem Herzen; Raum, der sich mit jeder Begegnung vergrößert.

Wenn du dich selber annimmst und respektierst, also liebst, dann sorgst du dafür, daß du dich gemäß deiner Natur entfalten kannst, und dazu brauchst du möglicherweise geschützten Raum, auch äußerlich. Ein geschützter Raum ist ein Raum, der Wände hat; das gilt für ein Zimmer ebenso wie für psychischen Raum. Er muß Wände haben, die dich schützen, zugleich eine Tür, durch die du und andere eintreten können und die du nach Belieben öffnen und schließen kannst; ihren Schlüssel solltest nur du besitzen. Und er braucht Fenster, um Licht und Eindrücke der Außenwelt hereinzulassen. Ein Raum, der keine Tür, sondern nur eine Türöffnung hat, ist kein geschützter Raum; ein Zimmer, das von anderen nach Belieben betreten oder gar durchquert wird, ist kein geschützter Raum. Ein Zimmer, in dem du dich nicht geschützt fühlst, aus welchem Grund auch immer, ist kein geschützter Raum für dich.

Ebenso verhält es sich mit psychischem Raum. Es muß in deiner Innenwelt einen Raum geben, der dir allein gehört; den du vor Störungen, Besuchen und Eindrücken verschließen kannst, wann immer es dir paßt; der eine Öffnung hat, durch die du Besuch empfangen und wieder fortgehen lassen kannst; und Öffnungen, die Licht (höheres Bewußtsein) und Fremdeindrücke in gedämpfter Form (wie beim Fenster durch das Glas) hereinlassen.

Dieser psychische Raum entsteht in einem gesunden Individuum von selbst. Gesund ist ein Mensch, der sich selbst liebt und respektiert.

Bist du in diesem Sinne gesund? Die wenigsten zivilisierten Erwachsenen sind es. Wenn du dich nicht oder kaum liebst und respektierst, mußt du deinen geschützten psychischen Raum selbst herstellen. Ansatzweise ist er in jedem vorhanden, außer in extremen Fällen; er muß zuerst aufgespürt, gefühlt und dadurch gefüllt, also eingenommen werden. Dann mußt du üben, dich darin aufzuhalten, wie am Anfang dieses Kapitels geschildert. Es wird zu Anfang schwierig sein, weil du gewohnt bist, dich außerhalb dieses Raums aufzuhalten; an der Peripherie anstatt im Zentrum deiner selbst, bei anderen statt bei dir selbst. Übe und übe beharrlich, dich in diesem Raum aufzuhalten; erst einmal allein und, soweit möglich, geschützt vor der Außenwelt (das entspricht dem geschlossenen inneren Raum ohne Türen und Fenster); dann gibst du deinem inneren Raum Fenster, indem du, während du dich in ihm aufhältst, die Augen öffnest und nach außen schaust; übe das erst in deinem Zimmer, dann draußen, im Freien, in einer erholsamen und für dich harmlosen Umgebung, beispielsweise in einem Park; und schließlich, wenn du das oft geübt hast, machst du dich daran, eine Tür an deinem geschützten Innenraum anzubringen, indem du dieselbe Übung durchführst, während du mit einem Menschen sprichst. Erst mit einem, der für dich keine große Bedeutung hat; dann mit einem Bekannten, schließlich mit deinem Partner, einem engen Freund oder einem Verwandten. Beobachte, wann und wie dieser deinen psychischen Raum betritt und wodurch – durch welche Einstellung, welches Gefühl, welche Gedanken deinerseits – du ihm Einlaß gewährst; und experimentiere damit, ihn wieder hinauszukomplimentieren; zum Beispiel, indem du sagst »Ich sehe das ganz anders« und dann klar und energisch deine Sichtweise vertrittst, anstatt dich von der seinen hypnotisieren zu lassen; oder indem du sagst: »Ich brauche jetzt eine Gesprächspause, um dieses wunderbare Essen genießen zu können«, oder was immer du am liebsten sagen oder tun möchtest, um dir selbst gerecht zu werden und deinen Partner aus deinem inneren Raum wieder hinauszubefördern.

Denn er hat dort nichts zu suchen. Jeder hat seinen eigenen Raum in diesem Universum einzunehmen, damit er selbst, die mit ihm verbundenen Wesen und das Ganze sich zu höchster Vollkommenheit entwickeln können. Andere über deine Zeit, deine Energie, dein Wohlbefinden bestimmen zu lassen, hat mit Liebe nichts zu tun, es fördert nicht Liebe, sondern Wut oder sogar Haß, und zwar auf beiden Seiten; denn für beide ist es nicht gut, und beide wehren sich dagegen bewußt oder unbewußt, jeder auf seine Art. Der eine wird wütend und weiß um seine Wut, der andere verdrängt sie und beginnt zu hassen.

Nur Liebe kann aus dieser Verstrickung hinausführen. Erst den Haß mit Liebe annehmen, dann die Wut, die sich hinter ihm verbirgt, schließlich die Angst, die dich dazu getrieben hat, deinen Raum von anderen besetzen zu lassen beziehungsweise den Raum anderer zu besetzen; und dann üben, deinen eigenen Raum einzunehmen, zu wahren und zu behaupten, wie oben geschildert.

In dem Maße, in dem diese Operation auf dich wirkt, verändert sie auch deinen Partner; allerdings auf eine Art, die seiner Entwicklung und seiner Persönlichkeit entspricht, also nicht unbedingt auf die gleiche Art wie dich.

Sorge dich nicht um die Entwicklung des anderen; wie auch immer er auf deine Veränderung reagieren mag, seine Entwicklung liegt in Gottes Hand und nicht in deiner. Du bist nur dort und nur so lange für die Entwicklung anderer zuständig, wie dein Herz dir befiehlt, dich darum zu kümmern; und in begrenztem Maße dort, wo du als Mutter, Vater, Erzieher oder Therapeut Menschen in deine Obhut genommen hast, die Schutz und Anleitung brauchen. Davon wird später die Rede sein.

Ansonsten bist du zuständig für dich selbst. Das Feld, das hier zu beackern ist, ist groß genug. Bevor du in die Welt hinaus schreist, daß du Gewalt und Krieg ablehnst, beende die Gewalt gegen dich selbst und den Krieg gegen alles, was du an dir selbst nicht magst; und, damit zusammenhängend, Gewalt und Krieg gegen deine unmittelbaren Mitmenschen. So forderst du nicht Frieden, sondern verwirklichst ihn. Dann kannst du in die Welt hinausgehen und – nicht predigen, sondern Aktionen anstiften, Zeichen setzen, die dem Frieden dienen, wobei du in erster Linie durch den Frieden wirkst, den du manifestierst, und nicht durch die Aktionen und Zeichen.

Alles, was du von der Welt verlangst, sei es von der Welt als Ganzem, sei es von einem einzelnen Menschen, das verlange zuerst – nicht von dir selbst, wie Moralisten sagen, sondern für dich selbst. Ist es Frieden, den du von der Welt verlangst, so verlange Frieden für dich selbst. Erbitte diese Qualität, die auf dem Grunde deines Wesens schlummert und sehnsüchtig darauf wartet, geweckt zu werden und sich in dir manifestieren zu dürfen.

Verlangst du Zuwendung von deinem Partner, so vertiefe dich ins Gebet und verlange Zuwendung für dich selbst! Verlange die Fähigkeit, dich zuwenden zu können – und zwar erst einmal dir selbst!

Das ist der Weg, die Welt und dein Glück zugleich zu verbessern.

Echtheit

Wer die Sprache des Herzens spricht, ist echt, ohne persönlich zu sein. Er kann äußern, was er fühlt und was er wünscht, ohne in der Abgegrenztheit seiner Person gefangen zu sein. Er baut keine Mauern, um seine Gefühle und seine Wünsche festzuhalten; er ist sich ihrer bewußt und empfindet und achtet sie von Augenblick zu Augenblick. So lebt er im Strom der Wandlung und wird von ihm getragen.

Wer fühlt, daß er in seinem Sprechen und Verhalten nicht echt ist oder nicht so echt, wie er gern wäre, der reduziere sein Sprechen und Verhalten auf das unerläßliche Minimum und übe sich in Schweigen und Enthaltung. Nur in der Stille und im Nicht-Reagieren kann er den verlorenen Faden wiederfinden und die Stimme seines Herzens hören.

In jeder Situation, die ihn zum Sprechen oder Handeln treiben will, übe er sich darin, sich zurückzuhalten und seinem Herzen zu lauschen. Erst wenn er sich darüber klar geworden ist, was er in Wahrheit wünscht und fühlt, beende er seine Zurückhaltung und handle und spreche, wie sein Herz es ihm gebietet.

Wenn du dich allerdings äußerlich in Schweigen und Zurückhaltung übst, in deinem Innern aber Gedanken und Reaktionen ungehindert und unbeobachtet ablaufen läßt, mit anderen Worten, wenn du deinen Groll, deinen Ärger, deine Enttäuschung und die damit verbundenen Gedanken in deinem Bewußtsein hegst und pflegst, während du dich äußerlich still verhältst, dann ist nichts erreicht. Schlimmer noch, du verdeckst die Wahrheit deines Herzens ganz und gar, und deine Mitmenschen werden in deiner Gegenwart Unechtheit und Unbehagen verspüren.

Dann ist es besser, dich laut und deutlich zu äußern und, deinen Impulsen folgend, zu reagieren; so gibst du deinem Herzen eine Chance, befreit zu werden und sich Gehör und Aufmerksamkeit zu verschaffen, sei es bei deinen Mitmenschen, die seine Botschaft hinter deinen Worten und Reaktionen verstehen, sei es bei dir selbst.

Sei laut und impulsiv – oder still, losgelöst und auf dein Herz konzentriert. Beides führt zu Echtheit; nicht aber der Kompromiß.

Die Übung des Schweigens und Zurückhaltens muß mit Entspannung verbunden sein, damit die Wahrheit des Herzens zutagetreten kann. Nur wer sich entspannt und sich aus den Zwängen der jeweiligen Situation herauslöst, kann sich auch innerlich des Redens und Reagierens enthalten, und nur wer auch innerlich still und souverän ist, wird die Stimme des Herzens wahrnehmen können.

Deshalb: Wenn Herausforderungen an dich herantreten und du dich befreien möchtest vom Zwang deiner üblichen Reaktionen, um statt dessen aus der Wahrheit deines Herzens heraus zu handeln, so tue einen tiefen Seufzer, lehne dich zurück, schließe die Augen (wenn das aufgrund der Situation äußerlich nicht geht, so doch wenigstens im Geist) und warte, bis du zu dir gekommen bist. Löse dich aus der Hypnose durch Menschen und Umstände und warte, deine Entspannung vertiefend, bis du die Wahrheit aus deinem

Innern aufsteigen fühlst. Wenn du dieses unmittelbare Fühlen übersetzt in Wortgedanken, dann achte sorgfältig darauf, nichts hinzuzufügen, nichts umzudeuten und nichts wegzulassen.

So bist du in dir selber echt, rein und durchsichtig; und aus dieser inneren Echtheit kann ein Handeln und Sprechen hervorgehen, das deinem wahren Wesen entspricht.

Hüte dich aber, all deine wahren Gedanken und Gefühle Menschen zu offenbaren, deren Herz dir nicht geöffnet ist; sie werden es mißverstehen, mißachten und mißbrauchen.

Wenn die Echtheit durch Angst
behindert wird

Mancher wäre gern echter in seinem Sprechen und Verhalten, traut sich aber nicht. Hier muß die Angst, die dem unechten Verhalten zugrunde liegt, entdeckt werden, und ihr muß ernsthafte Beachtung und Anerkennung gewidmet werden. Angst darf weder unterdrückt noch geringgeschätzt oder fortgeredet werden; sie muß aufgespürt, gefühlt, gewürdigt und angenommen werden. Dann erst ist der Weg frei für ein Verhalten, das von ihr nicht mehr beherrscht wird. Dabei spielt es keine Rolle, ob die Gefahr, auf die die Angst sich bezieht, vom Verstand als real oder als eingebildet eingestuft wird.

Wer so vorgeht, wird feststellen, daß er es mit der Zeit immer häufiger wagt, sein wahres Wesen zu zeigen, obwohl er Angst vor den Folgen hat. Mit jedem Sieg dieser Art wird die Kraft größer und die Angst geringer.

In Fällen, wo jede Manifestation von Echtheit bei deinem Partner auf Empörung, Ablehnung oder Ärger stößt, mußt du prüfen, welche (möglicherweise bislang unbewußten) Vorbehalte du selber gegen deine Wahrheit hegst. Der Partner fühlt diese, ohne es zu wissen, und reagiert darauf. Bist du eins mit deiner Wahrheit, dann wird die Botschaft, die du aussendest, eindeutig und kraftvoll sein. Dein Gegenüber wird sie respektieren und wird darüber hinaus dazu angeregt, seine eigene Wahrheit zu finden und auszudrücken, die nicht Reaktion auf deine Äußerung ist, sondern aus seiner Mitte aufsteigt.

Wenn du entdeckst, daß du Vorbehalte gegen deine eigene Wahrheit hegst, dann hebe diese Vorbehalte und deine Selbstablehnung ans Licht deines Bewußtseins und nimm dich ihrer mit dem Erbarmen und der Liebe deines Herzens an.

Echtheit und Heilung

Echtheit bedeutet Heilung. Wenn das Verhalten verzerrt ist, ist das Gemüt gequält und angestrengt, und der Körper leidet. Oftmals ist es eine schwere Erkrankung, die einen Durchbruch zur Echtheit mit sich bringt. Im Angesicht des Todes werden viele Lügen sinnlos; und wenn der Körper geschwächt ist, fällt die Anstrengung des Verstellens schwerer. Auch zwingt der Ernst der Lage den Betroffenen, sich mit seinem Umgang mit sich und anderen ehrlich auseinanderzusetzen, und viele haben in dieser Lage die Intelligenz oder das Glück, zu erkennen, daß eine Umstellung auf radikale Echtheit die einzige Rettung vor dem drohenden Tod ist.

Das muß nicht bedeuten, daß man nun Geheimnisse verrät, die besser geheim blieben, oder anderen Menschen mitteilt, wie schlecht man über sie denkt; sondern daß man sich so verhält, wie es der Wahrheit seines Herzens entspricht, ohne Rücksicht auf mögliche Folgen.

Die Wahrheit ist der einzige Boden, auf dem du sicher stehst. Wahrheit bringt Entspannung und Zurechtrücken von Verzerrtem; und Entspannung und Zurechtrücken führen zu Heilung.

Heilung kann, muß aber nicht zur Folge haben, daß der Körper, dem der Tod drohte, gesundet. Wenn seine Zeit abgelaufen ist, stirbt er; aber der Mensch, der diesen Körper verläßt, verläßt ihn froh und leicht, wenn die Heilung vor dem Tode des Körpers stattgefunden hat, und die Hinterbliebenen werden mit Freude und Erleichterung an ihn denken können statt mit Qual und Bedauern.

Scheinheiligkeit

Scheinheiligkeit ist der Versuch, etwas mit dem Verstand und dem Willen zu erreichen, was nur mit dem Herzen und der Kraft des Herzens zu erreichen ist.

Ein aufrichtiger Bösewicht zu sein, bringt dich der Heiligkeit näher als Scheinheiligkeit.

Wenn du heute zu einem Menschen sagst, »Ich verstehe dich«, und morgen hätschelst du denselben alten Groll gegen diesen Menschen in dir, dann bist du scheinheilig. Wenn du zu nachgiebig bist, weil du Angst hast, und gibst vor, aus Güte nachgiebig zu sein, bist du scheinheilig.

Grolle, wenn du grollst; grolle laut und deutlich. Betrachtest du deinen Hund als unheilig, weil er knurrt?

Und wenn du Angst hast, dann wisse, daß du Angst hast und daß Angst deine Nachgiebigkeit bestimmt.

Vergib dir deine Angst!

Beschönige niemals dein Verhalten, weder vor dir selbst noch vor anderen; doch nimm all deine Gefühle an und bringe ihnen Achtung entgegen.

So bist du eins mit dir; heil; und heilig.

Stille

Die Ruhe der Gedanken fördert die Kraft des Herzens. In der Stille kann das Herz sich besser entfalten als im Lärm.

Lauschen ist der Weg zur Stille. Lausche den leisen Stimmen; dem Wind und dem Vogelgesang, dem Atem und der leisen Stimme deines Herzens.

Hektik, Sorgen und die Kraft des Herzens

Die Kraft des Herzens entwickelst du, indem du auf dein Herz hörst. Ist sie erst einmal entwickelt, so speist sie all deine Unternehmungen und Beziehungen.

Leidest du unter Hektik, Streß und Sorge, so nutzt du nicht das potentiell unendliche Reservoir an Kraft, die dir durch dein Herz zufließt.

Diese Kraft, die durchs Herz strömt, versickert, wenn du deine Aufmerksamkeit und Energie in Angelegenheiten oder Beziehungen steckst, an denen dein Herz nicht oder wenig beteiligt ist oder die nicht dem Weg entsprechen, den dein Herz dir weist.

Die Kraft, die dir durchs Herz zukommen könnte, wird blockiert durch das Nähren von Groll, Schuldgefühl und Enttäuschung. Hegst du Groll, Schuldgefühle oder Enttäuschung, so kümmere dich um diese Gefühle mit all deiner Liebe und Anteilnahme, solange, bis sie in der Wärme deiner Zuwendung und deines Mitgefühls dahinschmelzen. Dann ist dein Herz von diesen Lasten befreit, seine Kraft kann ungehindert fließen, und du kannst sie in konstruktive Bahnen lenken.

Einfach zu Groll, Schuldgefühlen, Haß und dergleichen zu sagen: »Verschwinde, ich will dich nicht haben«, reicht nicht aus. Wenn diese Gefühle dein sind, bleiben sie dein, und der einzige Weg, sie umzuwandeln, besteht darin, sie als dein eigen anzuerkennen, in Liebe anzunehmen und dich ihrer voller Verständnis zu erbarmen.

Hektik, Streß und Sorge sind immer Zeichen dafür, daß du nicht im Einklang bist mit deinem Herzen: mit seinem Tempo, seinen Wünschen, seiner Sehnsucht, seinen Zielen.

Ist die Kraft des Herzens noch schwach, so beginne ab sofort damit, der Stimme deines Herzens mehr Gehör zu schenken und seinen Regungen Raum zu schaffen. Vielleicht will dein Herz geben, wo du zurückhältst aus Angst, zuviel zu geben oder nichts zurückzubekommen. Vielleicht will dein Herz nehmen, wo du die Annahme verweigerst aus Angst, dich zu verpflichten. Vielleicht will dein Herz von diesem oder jenem Menschen nichts nehmen, du aber nimmst, aus Gier oder weil du dich bedürftig wähnst. Vielleicht wünscht dein Herz, daß du in den Norden reist, du aber wagst es nicht aus Angst vor Regen und Kälte und reist nach Süden. Vielleicht wünscht dein Herz, daß du diesen Job, jene Beziehung oder eine bestimmte Gewohnheit aufgibst, du aber klammerst dich daran, aus Angst, Sorge oder Trägheit. Oder dein Herz wünscht, daß du diesen Job oder jene Beziehung beibehältst und dich ganz hineingibst, du aber siehst dich im Geist woanders, weil du dir dort Besseres erhoffst.

So begrenzt, blockierst oder zerstreust du die Kraft, die dir durch dein Herz zuströmen will, oder nutzt sie nicht.

Die unterschiedlichsten psychischen Probleme können einen Menschen daran hindern, die Kraft seines Herzens zu aktivieren und zu nutzen. Ihr Kern aber ist stets der gleiche: Der Mensch ist nicht eins mit sich. Sei es, daß er nicht wagt, den Weg zu gehen, den sein Herz ihm weist; sei es, daß er gegen das, was er ist, denkt, fühlt und tut, ankämpft; sei es, daß er die Stimme seines Herzens überhaupt nicht wahrnimmt; oder daß zwanghafte Beschäftigung mit altem Groll, Haß, Ärger, Wut, Schuldgefühlen oder Trauer an seiner Kraft zehrt und ihn taub macht oder trotzig gegen die Stimme seines Herzens.

Bist du eins mit dir, gehst den Weg, den dein Herz dir weist, und folgst seinen Impulsen ohne Rückhalt, ohne Berechnung, so öffnest du die Türen, durch die die Kraft des Herzens in dein Leben und Handeln strömen kann. Alle deine Aktivitäten und Beziehungen können von dieser Kraft genährt und getragen werden. Sie kann dir alles bringen, was du brauchst, und alles von dir fernhalten, was dir und deinem Lebensziel schadet.

Der Frieden des Herzens

Dein Herz findet Frieden, wenn du eins bist mit dir. Wenn dein Bewußtsein nicht fern vom Körper weilt; wenn dein Geist seine Sorgen abstreift und sich ganz in der Wirklichkeit des Augenblicks niederläßt; wenn du es aufgibst, dich zu bekümmern wegen etwas, was du bist oder nicht bist, getan hast oder nicht getan hast, was dir zugestoßen ist oder zustoßen wird.

Tief auf dem Grunde deines Herzens wirst du immer Frieden finden. Es gibt eine Tiefe im Herzen, die durch keinen Eindruck, kein Gefühl, keinen Gedanken, keine Sünde erreicht und bewegt wird. Trittst du ein in diese Tiefe, umfängt dich Frieden und das Bewußtsein vollkommener Reinheit und Heiligkeit.

Um diese Tiefe zu finden, mußt du eins sein mit dir. Was immer du denkst und fühlst, wünschst und ersehnst, muß deinen Respekt und deine Anteilnahme finden; was immer dich quält, dein Erbarmen.

Ist nur der geringste Zwiespalt in dir, so kannst du den Frieden des Herzens nicht finden.

Aber trachte nicht danach, den Zwiespalt aufzulösen, indem du mit dir streitest und die eine oder andere innere Partei verstößt, und versuche auch nicht, die Gegensätze in deinem Verstand zu versöhnen. Das alles verstärkt nur den Zwiespalt.

Öffne dein Herz jedweder Bestrebung in dir und umfange sie mit Liebe. Die Liebe kennt keine Gegensätze und keinen Zwiespalt. Sie umfängt den Bösen wie den Guten und macht keinen Unterschied; gut und böse sind bedeutungslos für sie.

Um der Liebe zu genügen, genügt es, zu existieren.

Die Wunden des Herzens

Wenn ein Mensch in seinem Vertrauen, seiner Liebe, seiner Arglosigkeit enttäuscht oder mißbraucht wird, so fühlt das Herz einen Schmerz. Ist der Schock groß und der Schmerz unerträglich, so verliert das Herz das Bewußtsein und wird sozusagen taub. Seine Wunde aber bleibt bestehen und kann erst heilen, wenn das Licht der Liebe auf sie fällt.

Die Wunde schmerzt und hört nicht auf zu schmerzen, und der Mensch schreit und wehrt sich bei jeder Berührung der Wunde; aber er weiß nicht, woran er leidet, denn sein Herz ist taub.

Erst wenn das Herz bereit ist, den Schmerz der Wunde zu fühlen, kann Heilung geschehen.

Geduld bringt ihn ans Licht des Bewußtseins – und Liebe.

Das kranke Herz

Wenn das Herz sich nicht öffnen darf, leidet es, denn verschlossen zu sein ist gegen seine Natur. Es verliert seine Kraft und siecht dahin.

Ein Herz, das lange Zeit verschlossen war, ist ein krankes Herz.

Wenn ein krankes Herz, das im Dunkel des Eingesperrtseins dahinsiecht, auf einmal dem Schock von Licht und Leben ausgesetzt wird – mit anderen Worten, wenn alle Türen des Herzens mit einem Schlag geöffnet werden –, dann kann geschehen, daß es stirbt.

Das kranke Herz muß nach und nach an Licht und Leben gewöhnt werden; die Türen müssen erst einen Spalt geöffnet werden, und wenn es sich daran gewöhnt hat, nach und nach ein bißchen weiter; dann kann das kranke Herz genesen.

Wenn du mit einem Menschen zu tun hast, dessen Herz krank ist, und die Liebe hat dich geschickt, um ihm zu helfen, dann ist das erste, was du zu tun hast, die Tür zu finden, die sich ohne Widerstand einen Spalt öffnen läßt, und genau diese Tür einen Spalt zu öffnen – nicht mehr.

Du tust das, indem du im Gespräch unter den wunden Stellen, die du in oder hinter den Worten und Gesten des Betreffenden bemerkst, diejenigen aussuchst, die er dir aus eigenem Antrieb offenbart oder bei der es ihn spürbar danach drängt, sie dir zu offenbaren. Dies ist die Tür, die sich ohne großen Widerstand einen Spalt öffnen läßt. Du öffnest sie, indem du behutsam und voller Achtung und Achtsamkeit das Gespräch über diese Wunde anregst und dabei dein Herz den Nöten, die dir offenbart werden, öffnest. Enthalte dich aber jeglichen Kommentars, jeglicher Analyse, Wertung oder Beratung; höre nur mit ganzem Herzen zu und halte das Gespräch solange in Gang, wie es nötig ist, um die Tür jenes Herzens ein wenig zu öffnen.

Ist dies erst einmal geschehen, dann kümmere dich nicht darum, ob sie offenbleibt oder wieder verschlossen wird; das ist nun nicht mehr deine Sache. Überlasse es dem Betreffenden selbst, die Tür zu verschließen und zu öffnen, ganz wie er es will. Oftmals wirst du erleben, daß die Tür, nachdem sie geöffnet wurde, gleich wieder verschlossen wird. Aber das kranke Herz, das einmal in Berührung mit Licht und Leben in einer erträglichen Dosierung gekommen ist, wird danach immer wieder verlangen, ganz von selbst. So kümmere dich nicht weiter darum und wende dich deinen eigenen Angelegenheiten zu.

Gehe, wohin dich die Liebe ruft; gehe ohne zu zögern, tue, was zu tun ist, und entferne dich, sobald es getan ist, ohne – als Helfer, Heiler oder Retter – Bande zu knüpfen.

Sei vollkommen der Liebe verpflichtet und vollkommen frei.

◆◆◆

Krank wird das Herz nicht davon, daß es sich öffnet, auch nicht davon, daß es verletzt wird; auch nicht davon, daß es blutet für andere. Krank wird nur ein Herz, das über lange Zeit verschlossen bleibt.

Das, was du fürchtest: daß dein Ich verletzt werde, dein ganzes Sein, das, wovon du denkst, es sei alles, was du bist und was du hast – das kann genau dann nicht geschehen, wenn du dein Herz öffnest.

Ein offenes Herz kann die Wut dessen fühlen, der dich schlägt, ohne daß diese Wut dich in deinem Ich trifft und verletzt; das Herz kennt kein Ich und kein Du. Es kennt nur Mitgefühl. Es fühlt die Wut und erbarmt sich ihrer, ebenso wie es sich deines Schmerzes erbarmt.

Eine kranke Ehe heilen

Eine Ehe kann an verschiedenen Krankheiten leiden. Immer aber liegt der Schlüssel zu ihrer Heilung im Herzen.

Beispielsweise kann die Ehe an chronischer Anspannung kranken aufgrund des ständigen Bemühens seitens eines oder beider Partner, Beziehung auf Ebenen herzustellen, auf denen sie nicht existiert. Hier beginnt die Heilungsarbeit damit, festzustellen, auf welchen Ebenen natürlicherweise Beziehung existiert und auf welchen nicht. Eine Beziehung kann beispielsweise eine Existenz- und Arbeitsgemeinschaft (z.B. Landwirtschaft, Großziehen von Kindern) sein; hier besteht Beziehung im Bereich dessen, was die irdische Existenzgrundlage betrifft. Beziehung kann existieren auf der triebhaft-sexuellen Ebene; der sinnlich-erotischen Ebene; der emotionalen Ebene (Zärtlichkeit, romantische Leidenschaft, inneres Kind); auf der Ebene des Herzens (reine Liebe, Freundschaft); auf der intellektuellen Ebene (geistige Übereinstimmung; gemeinsame Interessen); auf der spirituellen Ebene (gleiche spiritelle Ausrichtung, gemeinsames Streben); auf der Ebene der Seele (tiefe Wesensverwandtschaft, wobei persönliche Biografie, Charakter, Interessen etc. verschieden sein können).

Begegnung und gemeinsame Aktivitäten in den Bereichen zu fördern, in denen Beziehung besteht, und in den übrigen Bereichen getrennte Wege zu gehen: das ist der schnellste, natürlichste und einfachste Weg zur Heilung dieser Ehekrankheit. Auf diese Weise vermeidet man, sich selbst und seinen Partner unter Druck zu setzen und immer wieder enttäuscht zu werden; man nimmt die Beziehung an, wie sie ist, bleibt aber offen für ihr Wachstum und ihre Ausdehnung auf andere Ebenen. Ausdehnung geschieht von selbst, wenn die Partner dafür offen sind, das heißt, wenn sie die Beschränkung ihrer Beziehung auf bestimmte Ebenen nicht resigniert und widerwillig, sondern aktiv und liebevoll akzeptieren und sich selbst und ihrem Partner erlauben, zu wachsen und sich zu verändern.

Wenn du herausfinden möchtest, auf welchen Ebenen die Beziehung zwischen dir und deinem Partner aktuell und lebendig ist, so frage dein Herz. Und Liebe, die Liebe deines Herzens, wird dich in die Lage versetzen, deinen Partner in den übrigen Bereichen eigene Wege gehen zu lassen; dir selber soviel Achtung und Fürsorge angedeihen zu lassen, daß du dir erlaubst, in ebendiesen Bereichen anderweitig Erfüllung zu suchen, sofern dem nicht die Übereinkunft im Wege steht, die die Grundlage eurer Ehe bildet; und andernfalls diese Übereinkunft zu ändern.

Eine weitere Ehekrankheit ist die »Kinderehe«. Hier wird die Ehe nicht von Mann und Frau, sondern von ihren ›inneren Kindern‹ geführt. Wo dies beiderseitig geschieht, ist die Ehe der Versuch, eine Festung zu schaffen, die Schutz vor der feindlichen Welt bietet, eine heile Welt, einen Kinderspielplatz; oder aber die Partner konkurrieren um Zuwendung und Aufmerksamkeit und liefern sich emotionale Gefechte, die sie weder kontrollieren noch verstehen können.

Nur Liebe kann diese »Kinderkrankheit« heilen. Jeder muß lernen, seinem eigenen inneren Kind die Aufmerksamkeit und Zuwendung, den Schutz und den Trost zu gewähren, die es beim Partner sucht. (Siehe Kapitel »Das Herz und das innere Kind« und »Emotionale Bedürftigkeit und die Liebe des Herzens«.) Nach und nach kann dann die Kommunikation auf eine erwachsenere Basis gestellt werden.

Das gleiche gilt bei komplementären Beziehungen für denjenigen, der die Rolle des Kindes spielt (während sein Partner den erwachsenen Part übernimmt). Für Menschen wiederum, die ihren Partner als Kind behandeln, das Schutz, Führung oder Bemutterung braucht, besteht der Weg zur Heilung darin, die Gründe für dieses Verhalten in ihrem Herzen zu suchen (Was erhoffe ich mir von diesem Verhalten? Was suche ich damit zu vermeiden?), sich die Bedürfnisse und Ängste, die dahinterliegen, bewußt zu machen, sie zu fühlen, ins Herz zu schließen und ihnen soviel Liebe und Zuwendung zu geben, wie sie brauchen.

Eine andere Ehekrankheit besteht in Unechtheit. Hier haben die Partner einander in der Zeit der Werbung bestimmte Rollen vorgespielt und Qualitäten vorgespiegelt, die ihnen entweder noch gar nicht oder nur in Glanzzeiten zu eigen sind, und nun versuchen sie dieses Bild aufrechtzuerhalten, um nicht die Liebe und die Bewunderung des Partners zu verlieren.

Hier besteht die Heilung darin, sich der Angst bewußt zu werden, aufgrund derer man das falsche Bild aufrechtzuerhalten versucht, und sich dieser Angst mit Liebe und Erbarmen anzunehmen; und wenn dies geschehen ist, nach und nach ein Verhalten einzuüben, das mehr seinem wahren Wesen entspricht. Hierbei hilft eine beständige und täglich erneuerte Einstimmung und Einstellung aufs Herz. Wenn du im Herzen zentriert bist, bist du dir deiner wahren Gefühle, Gedanken und Wünsche bewußt, und die Kraft deines Herzens gibt dir den Mut, sie zu äußern.

Dann gibt es die Erwartungs-Enttäuschungs-Krankheit: Jeder erwartet vom anderen ein bestimmtes Verhalten, eine bestimmte Art von Zuwendung, Fürsorge oder Aufmerksamkeit, und wenn er sie nicht bekommt, ist er enttäuscht.

Mit der Zeit ist man in der Enttäuschung zu Hause (siehe hierzu das Kapitel »Verweigerung, Enttäuschung und Erfüllung«); und je nach Charakter wird man bitter, müde, chronisch wütend oder weicht aus, beispielsweise indem man von anderen Partnern träumt oder sich innerlich zurückzieht.

Mache dir bewußt, was du erwartest; finde in deinem Herzen die eigentlichen Wünsche, die hinter diesen Erwartungen stecken; gelobe dir, dich um diese Wünsche zu kümmern, und zwar in erster Linie, indem du sie dir selber erfüllst. Besteht zum Beispiel der Wunsch nach Anerkennung, so gib dir selber Anerkennung, und wenn du das nicht kannst, so bete darum, es zu können. Auf diese Weise kannst du nach und nach Erfüllung in dir selber finden und deine Erwartungen von deinem Ehepartner lösen. Mit zunehmender Erfüllung verringert sich die Enttäuschung, und nach und nach wirst du frei und befreist deinen Partner von der Last deiner Erwartungen.

Die Liebe deines Herzens gibt dir die Kraft dazu. Wenn du Liebe zu dir selber in dir weckst, so wirst du dir nicht länger erlauben, in der Enttäuschung zu verharren und dein Leben – dein kurzes, kostbares Leben – in Leid und Trübsal zu verbringen. Entweder du lernst, dich unter allen Umständen, auch in einer Ehe mit einem für dich schwierigen Partner, mit Liebe zu versorgen und um dich zu kümmern, oder aber du tust einen mutigen Schritt heraus aus Ehe oder Gewohnheit, der dir und deinem Partner vielleicht Schmerzen bereitet, aber zur Entwicklung der Seele mehr beiträgt als ein Verharren in Enttäuschung und Vorwurf. Und wenn du in deinem Herzen Liebe zu deinem Partner weckst, so wirst du, anstatt ihn mit der Last deiner Erwartungen niederzudrücken, Verständnis für sein Befinden, seine Wünsche, seine Sehnsucht und seine Bedürfnisse entwickeln.

Eine weitere Ehekrankheit besteht in einer gegenseitigen Abneigung, die sich durch Streitereien, Gereiztheit oder die Unfähigkeit, liebevollen sexuellen

Kontakt miteinander zu pflegen, äußern kann. Diese Antipathie entsteht entweder aufgrund zu großer Enge und gegenseitiger Bedrängung; oder aufgrund eines zu großen Mangels an Übereinstimmung in allen wesentlichen Lebensbereichen.

In beiden Fällen ist das Heilmittel Distanz; Raum schaffen, so groß wie nur irgend möglich, für Eigenleben und Eigenarten jedes der Partner; Raum schaffen in seinem eigenen Herzen für die emotionale Bedürftigkeit des Partners (die ihn dominierend, fordernd oder bedrängend macht) oder für seine Andersartigkeit, je nachdem, um welche der beiden Varianten es sich handelt.

Heilung erfolgt durch die Eigenschaft des Herzens, Raum zu gewähren, ja Raum zu sein für alles, was ist, ob man es auf der persönlichen Ebene mag oder nicht mag. Diese Raum-Eigenschaft des Herzens wird gefördert durch Selbstliebe und Selbstannahme, die mit großer Geduld und Sorgfalt immer wieder geübt werden muß, solange, bis sie in Fleisch und Blut übergegangen ist. Hast du erst einmal aufgehört, dich selber abzulehnen, zu kritisieren, herabzuwürdigen und einzuengen, so wirst du ganz von selbst auch anderen Menschen und ihren Eigenarten in deinem Herzen Raum geben können.

Streit und Streitereien

Um was geht es dir, wenn du streitest? Was greifst du an? Was verteidigst du? Was möchtest du erreichen?

Das sind Fragen, die du dir ernstlich stellen solltest, wenn du oft in Streit gerätst und entweder selber darunter leidest oder andere, die du in Streit verwickelst, unglücklich machst.

Vergegenwärtige dir den letzten Streit in allen Einzelheiten und frage dein Herz: Was wünsche ich mir eigentlich? Was liegt mir am Herzen? Was möchte ich erreichen? Wovor habe ich Angst?

Stelle dir diese Fragen einzeln, ohne über eine Antwort nachzudenken; lasse sie auf dein Herz wirken und warte ab, welche Antwort aus der Tiefe aufsteigt.

Wer streitet, hat immer Angst. Angst, etwas zu verlieren (und sei es das Gesicht), Angst, angegriffen, verletzt zu werden, etwas zugeben zu müssen, Angst, Gedanken in sich aufzunehmen, die ihm nicht behagen. Hätte er keine Angst, so würde er nicht streiten, sondern in aller Ruhe und mit Intelligenz sein Anliegen vertreten und das der anderen bestehen lassen.

Deshalb: Wenn du oft in Streit und Streitereien gerätst, so finde vor allem heraus, was du schützt und verteidigst und wogegen du dich wehrst, mit anderen Worten, was dir angst macht.

Und dann erbarme dich deiner Angst. Spüre sie auf, erlaube ihr, von dir gefühlt zu werden, und schließe sie ins Herz.

Nicht ein Mal, sondern wieder und wieder, sooft sie auftaucht.

Nach und nach wirst du ruhiger, überlegter und toleranter mit deinen Mitmenschen umgehen können; du wirst sogar beginnen können, ihnen dein Herz zu öffnen, um zu verstehen, was sie bewegt.

Nur hüte dich davor, diese Weisheiten statt auf dich auf andere anzuwenden. Tue nur dein Teil und beobachte, wie deine Welt sich verändert.

118

Ruhe, Gelassenheit, Mut und Freundlichkeit wirken ansteckend; Predigten hingegen und Vorhaltungen bezwecken meist das Gegenteil dessen, was der Prediger beabsichtigt, vor allem, wenn er selber kein lebendes Abbild der Tugenden ist, die er anderen abverlangt.

Die Stimme des Herzens im Aufruhr der Emotionen

Im Aufruhr der Emotionen ist es schwer, die Stimme des Herzens zu hören. Wenn der Aufruhr sich gelegt hat, so achte auf den Nachgeschmack, den er in deinem Gemüt hinterläßt. Ist er bitter? Dann hat nicht die Liebe gesiegt, sondern die Schwäche. Nimm dich deiner Bitterkeit an mit aller Liebe und allem Erbarmen; fühle die Bitterkeit mit allen Fasern und achte sie als den Zustand, in dem dein Gemüt sich aus gutem Grund befindet. Schließe das Bittere, das Erbitterte, Verbitterte, das du bist, ins Herz; und das solange, bis deine Bitterkeit sich ganz und gar angenommen und aufgehoben fühlt in der Liebe und Achtung des Herzens.

Ist der Nachgeschmack sauer, so kümmere dich um deine Säuernis, deinen Ärger, deinen Unmut in der gleichen Weise; ist er salzig, um deine Trauer; ist er scharf, um deine Wut.

Ist der Nachgeschmack süß, so hat im Aufruhr der Emotionen die Liebe den Sieg davongetragen, und dein Herz füllt sich mit Freude. Dann kannst du in Frieden weitergehen.

Die eigenen Gefühle achten

Du hast zu oft gehört: »Du brauchst nicht zu fühlen, was du fühlst; es ist unsinnig. Fühle anders. Du
brauchst keine Angst zu haben. Es gibt keinen Grund.
Du mußt nicht traurig sein. Es ist nicht nötig. Du darfst
nicht wütend sein. Es ist nicht gut.« Und das ist es, was
du ständig zu dir selber sagst. »Du darfst nicht böse
sein, du mußt dein Herz öffnen. Du darfst nicht enttäuscht sein; das macht dich unglücklich und häßlich.
Du hast keinen Grund, unglücklich zu sein. Die Vögel
zwitschern, die Sonne scheint.«

Mit jedem dieser Gedanken tust du dir weh, tust du
dir Gewalt an, tust du dir unrecht. Keines deiner Gefühle ist zu Unrecht vorhanden; jedes hat seinen Grund
und seine Berechtigung. Indem du es ablehnst, hältst
du es fest. Indem du es annimmst, erlaubst du ihm,
sich zu wandeln.

Wie kannst du dich von dem zwingenden Einfluß
deiner inneren »Du-darfst-nicht-du-sollst-nicht-du-mußt-
nicht-fühlen«-Stimme befreien?

Es ist die Stimme der Angst, die so spricht. Sie sagt:
»Du darfst nicht wütend sein, denn diese Wut erschreckt mich. Du mußt nicht traurig sein; deine Trauer erschreckt mich. Du brauchst keine Angst zu haben;
deine Angst macht mir angst. Ich kann mit alledem
nicht umgehen; ich will es auch nicht mitfühlen. Ich
fürchte mich davor.«

Als erstes mußt du erkennen, daß es so ist. Es ist
nicht die Vernunft, die dir von deinen Gefühlen abrät;
es ist die Angst. Kannst du das fühlen? Fühlst du diese
Angst? Nimm dir vor, sie zu fühlen, sobald sich die
nächste Gelegenheit ergibt. Jemand tut etwas, was

Ärger in dir erzeugt, und du erwischst dich dabei, wie du dir den Ärger ausredest: Stop. Hast du Angst vor deinem Ärger, deiner Wut? Wovor fürchtest du dich? Kannst du deine Angst fühlen? Erbarme dich ihrer. Schenke ihr für einen Augenblick dein Mitgefühl, und dann: Fühle deinen Ärger! Laß ihn leben! Er existiert mit gutem Grund. Das bedeutet nicht, daß du recht hast in bezug auf die andere Person; aber für dich selbst und in dir selbst hat der Ärger Recht und Grund, dazusein. Nimm ihn an.

Schreibe dir einen Berechtigungsschein. Formuliere ihn in deinen eigenen Worten und schmücke ihn mit Symbolen und Zeichen deiner Wahl. Bringe ihn so an, daß du ihn viele Male am Tag siehst. Schreibe darauf sinngemäß:

>>Ich achte meine Gefühle.
Meine Wut ist berechtigt.
Meine Angst hat Grund.
Mein Schmerz darf sein.
Meine Gefühle dürfen sein.
Ich ehre und achte sie
und öffne ihnen mein Herz.<<

Wenn du jemandem böse bist, dann konzentriere deine Aufmerksamkeit nicht auf die betreffende Person, sondern auf dich selber. Wie fühlst du dich in deinem Böse-sein? Welcher Schmerz steckt dahinter? Kümmere dich darum.

Erlaube deinen Gefühlen, ans Licht des Bewußtseins zu kommen, und schließe sie mit aller Liebe ins Herz. >>Ja, ich bin traurig. Es tut weh. Ich bin wütend. Ich fühle mich ohnmächtig. Ich erbarme mich meiner selbst

und all dieser schrecklichen Gefühle. Ich bin für mich
da. Ich stehe dazu, daß ich so fühle.«

Das ist Selbstachtung.

Vernachlässigung

Schau dich um in deinem Leben: Welche Bereiche
vernachlässigst du? Welche schreien nach deiner Zuwendung, deiner Beachtung, deiner Sorgfalt, deiner
Pflege?

Sie spiegeln das wider, was in dir vernachlässigt ist.
Wenn dein Haushalt vernachlässigt ist, so hat das Kind,
das du einst warst und das in dir fortlebt, von seiner
Mutter – oder von der Person, die die traditionelle Mut-
terrolle gespielt hat – keine ausreichende Fürsorge erfahren oder keine Mutter gehabt, und du selber – als Erwachsener – hast das niemals nachgeholt, indem du
dem Kind in deinem Innern diese Fürsorge hast angedeihen lassen.

Ist es die Beziehung zu deinem Lebenspartner, die
du vernachlässigst, so krankst du daran, daß du mit dir
selbst nicht die Art von Intimität pflegst, die du
brauchst – und wahrscheinlich hat es dir als Kind in der
Beziehung zu deinen Eltern an erfüllender Intimität gefehlt.

Ist es dein Körper, den du vernachlässigst, so liebst
du das Leben nicht; so sind Freude und Genuß in dir
vernachlässigt, und wahrscheinlich leidest du an einem Groll, einem Schuldgefühl oder einem Gefühl, ir-
gendjemandes Opfer zu sein, das dich daran hindert
oder davon abhält, Freude und Genuß in dir zu wecken
und leben zu lassen.

Ist es dein Beruf, den du vernachlässigst, so ist jener Teil in dir vernachlässigt, der nach Wachsen und Werden, nach Schaffen und Reifen und nach Verantwortung strebt; es deutet auch darauf hin, daß das Kind in deinem Innern vernachlässigt ist – jener Teil in dir, der frei von Verantwortung spielen und träumen und ruhen muß, soll und darf, damit du ein ganzer und glücklicher Mensch bist. Auch kann es darauf hinweisen, daß deine berufliche Tätigkeit nicht in Einklang ist mit dem grundsätzlichen Streben deiner Seele. Außerdem hat möglicherweise dein Vater sich nicht zu dir bekannt oder sich nicht zu sich selbst bekannt.

Sind in deinem Leben jene spielerischen, schöpferischen und künstlerischen Aspekte vernachlässigt, die deiner Freizeit und deinem Berufsleben Farbe, Glanz und Freude geben, so hast du deine Seele in eine verschlossene Kammer verbannt, um deinen Ängsten zu frönen, die dir vorgaukeln, das Leben müsse mit Pflichten gefüllt sein bis an den Rand, damit du in dieser Welt bestehen kannst. Das Vernachlässigte, um das du dich kümmern mußt, ist hier in erster Linie nicht die eingesperrte Seele, sondern die Angst. Erst wenn du deiner Angst die Liebe und Fürsorge, das Erbarmen und das Mitgefühl schenkst, das sie braucht, wirst du es wagen, deiner Seele mehr Raum zu geben und ihre erschreckenden und großen Träume als Ziel und Aufgabe anzunehmen.

Ist es die Ernährung, die du in deinem Leben vernachlässigst, so hast du als Kind nicht die Nahrung bekommen – Nahrung welcher Art auch immer –, die du brauchtest, und hast es als Erwachsener versäumt, das nachzuholen. Groll und Enttäuschung treiben ihr Unwesen in deinem Unterbewußtsein sowie das Gefühl, ein armes, schlecht versorgtes Opfer zu sein; diese Gefühle hindern dich daran, dir selber die Nahrung zu verschaffen, die du brauchst. Hier besteht also das vernachlässigte Element in erster Linie in dem Komplex negativer Gefühle, die du, wahrscheinlich ohne es zu wissen, hegst. Entdecke, finde, spüre auf in dir das Gefühl, schlecht versorgt zu sein, notleidend, Opfer grausamer, geiziger, gefühlskalter oder abwesender Eltern; nimm dich dieses Gefühls an, indem du es liebevoll in dein Herz schließt; und dann mache dich daran, dir – deinem Körper, deinem Herzen, deinem Geist, deiner Seele – jene Nahrung zuzuführen, die du brauchst, nach der du hungerst und dich sehnst.

Sind die Finanzen jener Bereich in deinem Leben, der vernachlässigt ist, so hat es dir an Liebe gemangelt, als du ein liebebedürftiges kleines Kind warst, und du hast es als Erwachsener versäumt, dem Kind, das in deinem Innern fortlebt, die Liebe zu geben, die es braucht. Der vernachlässigte Bereich in deinem Innern ist hier das Herz. Öffne dein Herz der Liebe; bade in Liebe, in Strömen von Liebe; bestelle dir Liebe vom Himmel und laß sie herabregnen auf dich; und wenn es etwas gibt, das dich daran hindert, zum Beispiel das Gefühl, schuldig zu sein, so hülle dieses Gefühl in Liebe, und in Liebe nimm es an. Nimm dir Liebe und Liebe und Liebe aus dem überfließenden Quell im Herzen Gottes; gib dir Liebe, Liebe, Liebe; was auch immer du tust, was auch immer du denkst und was auch immer du fühlst: Nimm dich an in Liebe, bade, wickle dich in Liebe und füttere dich mit Liebe. Überschütte dich mit aller Liebe, deren du teilhaftig werden kannst. Liebe allein kann dich heilen von Armut, von Schulden, von Geldmangel – und von allem Mangel der Welt.

Wenn mit anderen etwas nicht stimmt

Wenn du an anderen etwas bemerkst, was nicht zu stimmen scheint, so gehe in dich und befrage dein Herz. Ist dein Herz dieser Wahrnehmung gegenüber gleichgültig, so handelt es sich entweder um eine Angelegenheit, die dich nichts angeht, oder um eine Projektion. Das heißt, entweder deine Wahrnehmung und Interpretation »Etwas stimmt nicht mit dieser Person« ist zutreffend, aber es ist nicht deine Aufgabe, dich darum zu kümmern; in diesem Fall ist es das beste, was du tun kannst, dafür zu sorgen, daß du selber ›stimmst‹, das heißt, mit dir selbst übereinstimmst und nichts an dir verfälschst, beschönigst oder unterdrückst. Sei nur in deiner Mitte und eins mit dir und kümmere dich nicht um die Unstimmigkeiten anderer. So schaffst du Ordnung und Harmonie in deinem eigenen Feld und regst auch deine Mitmenschen an, zu ihrer Ordnung zu finden.

Stellst du aber fest, daß es sich bei dem Gedanken, mit dem Betreffenden stimme etwas nicht, um eine Projektion deiner eigenen Unstimmigkeit handelt, dann wende dich dieser mit aller Aufmerksamkeit zu. Trachte nicht danach, sie aufzulösen, sondern beobachte sie, fühle sie ganz bewußt und nimm sie mit ganzem Herzen wahr und an, ebenso wie du die Nöte eines geliebten Menschen mit ganzem Herzen wahrnehmen würdest. Wende dich der Unstimmigkeit zu, solange es nötig ist – das können Minuten oder Wochen sein. Auf diese Weise bist du eins mit dir, während du darauf wartest, daß eine neue innere oder äußere Ordnung sich einstellt, die ›stimmt‹.

Entspricht jedoch deine Wahrnehmung und Interpretation bezüglich jener anderen Person den Tatsachen und wird dein Herz von der Unstimmigkeit, die du bei ihr fühlst, berührt und empfindet Mitleid, Erregung und den dringenden Wunsch zu helfen (dein Herz! nicht dein Verstand), dann ruft dich die Liebe zum Handeln auf.

In diesem Fall hast du nichts weiter zu tun, als besonders sorgfältig auf die Stimme deines Herzens zu hören und seinen Impulsen zu folgen. Jeder Plan, den du in Gedanken entwirfst, um zu helfen, kann verhindern, daß du die spontanen Impulse, die von deinem Herzen ausgehen, wahrnimmst.

Deshalb verzichte auf Gedanken über die betreffende Person. »Verzichten« bedeutet, daß du auftauchenden Gedanken weder Gewicht noch Bedeutung beimißt, es sei denn, es handelt sich um Eingebungen, um Intuition.

Intuition blitzt auf am Beginn oder inmitten eines Stroms gewöhnlicher Gedanken, klar als andersartig erkennbar; nicht der Überlegung entsprungen, sondern unmittelbarem Wissen. Wenn du eine solche Eingebung erhaschst, halte sie fest und lasse nicht zu, daß sie im Strom der gewöhnlichen Gedanken untergeht.

Richte dich ausschließlich nach deinen Eingebungen und den Impulsen, die spontan von deinem Herzen ausgehen, während du mit der betreffenden Person in Kontakt bist. Erlaube deinem Verstand nicht, sich über die Unstimmigkeiten dieses Menschen zu verbreiten, und wenn er es doch tut, so beachte seine Ausführungen nicht. Kümmere dich um deine eigenen Angelegenheiten und wende dich der betreffenden Person nur dann zu, wenn dein Herz dich dazu auffordert.

Liebe, Ernst und Spiel

Ernst ist die Liebe, solange du festhältst und Angst hast. Spiel wird sie, sobald du vertraust.

Vertraue der Liebe! Vertraue der Liebe in dir selbst, vertraue der Liebe im Leben. Vertraue der Liebe im ganzen Universum, und vertraue der Liebe im wahren Wesen deiner Gefährten.

Die Liebe führt alle, versorgt alle, nährt alle, umfängt alle und bewirkt die Entfaltung aller Wesen zum Schönsten und Besten.

Der äußere Anschein hat nichts zu tun mit der inneren Wirklichkeit der Wesen; die innere Wirklichkeit ist immer Liebe: Liebe, die erwacht, Liebe, die sich streckt und dehnt, Liebe, die an Grenzen stößt, Liebe, die ans Licht des Bewußtseins strebt.

Schließe die Augen deines Körpers, bringe deinen Verstand zum Schweigen, öffne die Augen deines Herzens, und du kannst es sehen.

Wo Mitgefühl beginnt

Mitgefühl beginnt dort, wo der Kampf gegen das andere Ich endet. Solange du gegen andere kämpfst, um dein Ich zu schützen, bist du nicht in der Lage, Mitgefühl zu entwickeln. Natürlich blitzt hier und da ein Schimmer echten Mitfühlens auf, vor allem in Beziehungen, in denen Sympathie überwiegt; aber um Mitgefühl als bleibende Eigenschaft in deine Persönlichkeit zu integrieren, mußt du aufhören, dein Ich zu verteidigen, und statt dessen zu verstehen versuchen, was andere bewegt.

Mit dem Herzen verstehen; nicht mit dem Verstand. Der Verstand kann nicht erfassen, was ein anderer oder auch was man selber fühlt; das kann nur das Herz.

Es geschieht, indem du dich der inneren Realität des anderen öffnest, anstatt dich ihr zu verschließen.

Es gibt kein Wie; es gibt keine Methode; du mußt es nur tun.

Kleinlichkeit und Größe

Kleinlich bist du immer dann, wenn dein Herz verschlossen ist. Ist dein Herz chronisch verschlossen, dann ist Kleinlichkeit ein fester Bestandteil deines Charakters. Ist dein Herz der Öffnung fähig, verschließt sich jedoch immer wieder, so findest du an dir Anwandlungen von Kleinlichkeit, immer wieder, ohne daß du sie willentlich verscheuchen kannst.

Größe ist die Überwindung jeglicher Kleinlichkeit – im Denken, im Handeln, im Geben und Nehmen, im Planen, im Fühlen – durch das beständige und beharrliche Bemühen, sein Herz zu öffnen und allen Widrigkeiten zum Trotz offen zu halten.

Geiz und Großzügigkeit

Geiz ist eine Krankheit; eine Krankheit des Herzens. Sie beruht auf der Angst vor Mangel und Unterernährung und vor dem Tod durch Unterernährung.

Ihre Medizin ist Liebe. Wenn dem Geizigen Liebe entgegengebracht wird ungeachtet seines Geizes, so hat der Geizige Gelegenheit zu erkennen, daß seine Angst unbegründet ist, und kann nach und nach den Geiz aufgeben.

Bist du selber geizig – in welcher Hinsicht auch immer, ob es um Geld geht, um Gefühle der Liebe oder um Gesten –, so prüfe, welche Angst dich daran hindert, großzügig zu sein, spüre diese Angst auf, und wenn du sie fühlen kannst, so schließe sie ins Herz.

Liebe dich selbst ungeachtet deines Geizes, und schenke deiner Angst dein Mitgefühl. Folge den zarten Impulsen deines Herzens, die dich zu großzügigen Handlungen bewegen wollen.

So kann der Geiz heilen, nach und nach.

Großzügigkeit kommt aus der Wahrheit; Geiz aus der Illusion. Wahrheit ist unendliche Fülle, unendliche Liebe, unendlicher Reichtum, unendliche Vielfalt, unendlicher Strom des Lebens, sich immer wieder erneuernd, niemals leerwerdend, sich niemals erschöpfend. Wer dieser Wahrheit gewahr ist, für den ist Großzügigkeit mühelose Selbstverständlichkeit.

Wer tapfer daran glaubt, aber noch nicht vertraut, der übe Großzügigkeit in kleinen Schritten.

Das Herz des Künstlers

Das Herz des Künstlers ist hingerissen von Schönheit, hingerissen von Liebe, aber blind für sich selbst.

So malt er Schönheit und Liebe auf die Leinwand anstatt in das lebendige Porträt des Absoluten, das seine Persönlichkeit ist.

Seelengefährten und Herzensgefährten

Der Gefährte deiner Seele weckt deine Sehnsucht nach dem Allerhöchsten; der Gefährte deines Herzens lehrt dich Liebe und Achtung im Kleinen.

Beide dienen deinem höchsten Wohl; jeder auf seine Art.

Und ebenso dienst du anderen; einmal auf diese, einmal auf jene Weise.

Freundschaft

Freundschaft ist nichts anderes als Liebe; nicht wertvoller und nicht weniger wertvoll als leidenschaftliche Liebe, Gegnerschaft, Verwandtschaft oder Zweckpartnerschaft.

Jede Beziehung ist wertvoll; jede Beziehung gehört der Liebe und dient ihrem Zweck, der jenseits dessen liegt, was Verstand und Herz erfassen können.

Freundschaft ist dem Gemüt teuer, weil sie Beistand, Unterstützung und die tröstende Sicherheit gegenseitiger Sympathie bietet.

Doch wenn du dem Freund ein wahrer Freund und auch in der Freundschaft ein wahrer Diener der Liebe sein willst, dann behandle auch die Beziehung der Freundschaft mit Achtung und Achtsamkeit und folge in allem der Wahrheit deines Herzens. Enthalte dem Freund die Wahrheit nicht vor, um ihn zu schonen; beschönige sein Verhalten nicht, um ihn zu trösten; pflichte ihm nicht bei, wenn du anderer Meinung bist.

Sei der Wahrheit treu in der Freundschaft wie in der Liebe oder in der Gegnerschaft; so bist du allen ein wahrer Freund.

Abschied nehmen

Wenn du Abschied nehmen mußt von einem geliebten Menschen, einem Ort, einem Abschnitt deines Lebens oder von deinem ganzen Leben, dann frage dein Herz, wovon es berührt wurde, und danke für diese Berührung. Alles, was dich berührt, in welcher Weise auch immer, weckt in dir das Leben und fördert die Liebe.

Verankere dann das Wesen dessen, was dich berührt hat, fest in deinem Herzen, und mit einem Gedanken der Liebe und des Segens verabschiede dich. Entferne die Erinnerungen so vollständig wie möglich aus deinem Bewußtsein, nachdem du dir die Essenz all dessen, was dich berührt hat, einverleibt hast, so wie du die Schalen und Kerne der Frucht an die Erde zurückgibst, nachdem du ihr Fleisch in dich aufgenommen hast.

So füllst du dein Herz und leerst dein Bewußtsein; bist voller Liebe und frei für neue Begegnungen.

Bist du einem Menschen von Herzen verbunden, so begegne ihm stets in der Gegenwart und nicht durch Erinnerung an die Vergangenheit. Selbst wenn er sich am anderen Ende der Welt befindet, kannst du mit ihm in Berührung kommen, wenn du dein Herz auf ihn einstimmst. Wenn diese Einstimmung aus Liebe geschieht und nicht in dem Wunsch, zu rauben, zu fesseln und zu besitzen, dann wirst du ihm von Herz zu Herz begegnen können; und diese Begegnung ist realer und erfüllender, als wenn du in Erinnerungen schwelgst, um die Beziehung aufrechtzuerhalten.

Verbindungen lösen

Fühlst du, daß es an der Zeit ist, eine Verbindung zu lösen, so befrage zuerst sehr ehrlich und gründlich dein Herz.

Beobachte ehrlich und gründlich alle Gedanken und Gefühle, die du in bezug auf diese Verbindung hegst. Finde die Wahrheit, die durch deine Gedanken und Gefühle hindurchschimmert; die Wahrheit deines Herzens.

Wenn du nach dieser gründlichen und ehrlichen Prüfung den Entschluß faßt, eine Verbindung zu trennen, so trenne sie mutig und entschieden im Geist. Erinnere dich an alle Begebenheiten und Stationen der Beziehung und segne sie; segne den Gefährten, von dem du dich trennst, und bete für sein allerhöchstes Wohl. Schneide dann die Fäden ab, die euch verbinden, und warte, bis Ruhe, Frieden und Kraft in deinem Herzen eingekehrt sind.

Bitte dann dein Herz, dir im richtigen Augenblick den richtigen Weg zu zeigen, die Beziehung zu beenden.

Sich trennen

Segne die Lieben, die du verläßt; segne sie und lasse sie vollkommen frei. Sie sind auf ihrer Wanderung, wie du auf der deinen; ein Stück Weg seid ihr zusammen gegangen, nun müßt ihr euch trennen.

In diesem Universum der Liebe ist jedes mit jedem verbunden; mit dem einen näher, mit dem anderen ferner, jedes am richtigen Platz und zur richtigen Zeit.

Deshalb scheue dich nicht zu gehen, wenn du fühlst, daß du gehen mußt. Im Reich der Seele seid ihr auf ewig verbunden.

Verbindungen herstellen

Wünschst du Verbindungen zu einem bestimmten Menschen oder einer bestimmten Gruppe, so prüfe zuerst dein Herz. Gehe in dich und stelle fest, welche Motive dich dazu bewegen, diese Verbindung anzustreben. Tue dies in aller Aufrichtigkeit und Klarheit. Gehe tiefer und tiefer, bis du die zugrundeliegenden, wahren Beweggründe erfaßt. Nimm sie mit ganzem Herzen wahr und nicht nur mit dem Verstand.

Bekräftige dann die Absicht, die diesen Bestrebungen zugrunde liegt; unabhängig von dem Menschen oder der Gruppe, zu dem oder der du Verbindung wünschst. Bekräftige die zugrundeliegende Absicht und das zugrundeliegende Streben in dir selbst; wenn es ein Wunsch ist, bitte um Erfüllung in dir selbst.

Dann erst wende dich dem betreffenden Menschen oder der betreffenden Gruppe zu. Wenn der Wunsch nach Verbindung immer noch in deinem Herzen aktiv ist, dann nimm in deinem Herzen Verbindung auf. Öffne dein Herz dem betreffenden Menschen oder der betreffenden Gruppe; sende ihnen Liebe, Anteilnahme, Interesse und Wohlwollen.

Dann unternimm alle äußeren Schritte, die geeignet sind, um Verbindung herzustellen; achte bei jedem dieser Schritte auf die Stimme deines Herzens.

Bleibe aber unter allen Umständen deiner Absicht treu, deiner grundlegenden Bestrebung, ohne dich auf bestimmte Personen oder Gruppen festzulegen.

Reise auf den Flügeln deiner Absicht zu den Toren der Ewigkeit.

Die Kraft der Gruppe

Die Kraft der Gruppe auf der Ebene des Herzens rührt nicht von einer gemeinsamen Vergangenheit der Mitglieder oder von gegenseitiger Sympathie her; beides muß nicht unbedingt gegeben sein. Die Kraft der Gruppe entsteht aus der gemeinsamen Gegenwärtigkeit und der gleichartigen Ausrichtung der Absicht ihrer Mitglieder.

Wenn alle Mitglieder der Gruppe auf eine gemeinsame Absicht konzentriert und in ihrem Zusammensein für einen kürzeren oder längeren Augenblick vollkommen gegenwärtig sind, so ist dies ein magischer Moment. In diesem magischen Moment kann die Kraft des Universums in machtvoller schöpferischer Weise für einen Zweck genutzt werden, der auf der Linie der gemeinsamen Absicht liegt.

Das gleiche gilt natürlich für einen einzelnen Menschen oder für ein Paar; wenn Absicht und vollkommene Gegenwärtigkeit zusammentreffen, so ist dies immer ein magischer Moment.

Die Kraft der Gruppe unterscheidet sich von der Kraft des Einzelnen oder des Paares nicht dadurch, daß die Anzahl der beteiligten Individuen und somit die

Menge der Energie größer ist; sondern daß die Gruppe das Gesamtkollektiv in vollständigerer Weise widerspiegelt als ein gewöhnliches Individuum oder ein gewöhnliches Paar.

Ausnahmen bilden außergewöhnliche Menschen, die durch ihren hohen Grad an Erkenntnis und Meisterschaft mehr vom Reichtum des Universums manifestieren als gewöhnliche Menschen und in der Lage sind, allein und ohne Hilfe einer Gruppe ihre Kräfte zu konzentrieren.

Konzentration

Konzentration brauchst du vor allem anderen, wenn du etwas erreichen möchtest; du mußt in der Lage sein, deine Gedanken beharrlich auf einen bestimmten Gegenstand zu richten und damit deine Energien zu bündeln.

Konzentration, heißt es, erwirbst du durch Disziplin. Jedoch ruft eine Konzentration, die allein durch Ausübung von Disziplin erworben wurde, früher oder später unweigerlich ihren Gegenspieler auf den Plan: Zerstreuung.

Echte, mühelose und nichtspaltende Konzentration entsteht auf natürliche Weise durch Interesse.

Verschwende deine Zeit und Energie nicht damit, dich auf Dinge zu konzentrieren, für die du kein echtes Interesse aufbringst. Wenn du doch meinst, dazu gezwungen zu sein, dann wecke Interesse in dir für das, was du tust.

Das gilt für die spirituelle Übung ebenso wie für Beziehungen mit anderen Menschen, für Freizeit oder Beruf.

Wo liegt dein Interesse?

Echtes Interesse taucht immer dort auf, wo das Herz beteiligt ist. Das Herz ist immer dort beteiligt, wo deine unsterbliche Seele sich hingezogen fühlt, um sich gemäß ihrer vollkommenen Natur zu entfalten.

Zwei sind mehr als eins

Die Wege der Liebe sind seltsam und undurchschaubar für den Verstand. Die Liebe bringt bisweilen Menschen zusammen, die sich miteinander unwohl fühlen, die nicht zusammenzupassen scheinen, erbitterte Kämpfe miteinander führen und als Paar unharmonisch wirken. Die Liebe weiß, was sie tut; aus dem Zusammenprall dieser beiden ungleichen Energien entsteht ein Neues, Drittes, ein Kräftewirbel, der das Wachstum und die Entfaltung nicht nur dieser beiden Individuen, sondern aller mit ihnen verbundenen Wesen vorantreibt.

Bist du Teil eines solchen Paares, dann mache dir vor allem bewußt, daß es Liebe ist, die euch zusammenbrachte, und Liebe, die euch zusammenhält. Verschreibe dich der Liebe mit Leib und Seele. Nicht der Bindung an diesen bestimmten Menschen, nicht den Forderungen, die dieser Mensch an dich stellt oder du an ihn, nicht eurer gemeinsamen Lebensform; auch nicht dem Gutsein, dem Freundlichsein oder was sonst du für ein liebendes Verhalten hältst; sondern der Liebe selbst. Was die Liebe von dir wünscht, das sagt dir in jeder Situation unüberhörbar und eindeutig die Stimme deines Herzens, die nichts anderes ist als deine ureigenste innere Wahrheit.

Dieser folge, wenn du der Liebe dienen willst, und nichts anderem.

Das Streben nach Höherem

Strebst du danach, etwas Höheres und Besseres zu sein, so mußt du zuerst das sein, was du derzeit bist, und dieses Sein ganz ausfüllen.

Sonst spaltest du dich. Ein Teil strebt nach oben, ein Teil bleibt unten, und dazwischen entsteht ein Vakuum. Dieses Vakuum, da nicht von dir ausgefüllt, bietet Platz für fremde Energie, fremde Gedanken, fremde Gefühle, ähnlich den deinen, die in ihm heimisch werden und dich beherrschen, was du nicht bemerkst, da dein Bewußtsein auf das Höhere gerichtet ist.

So züchtest du Unheil und bist der Erleuchtung fern.

Das Leben in dir, das das Wesen der Liebe ist, strebt ganz von selbst nach Höherentwicklung. Du hast nichts weiter zu tun, als es ganz zu leben, ganz zu sein, ganz du selbst und ganz gegenwärtig.

Schuld und Sühne

Wenn du Schuld auf dich geladen hast, so nimm sie an. Akzeptiere, getan zu haben, was du getan hast, respektiere die Gründe, die dich dazu getrieben haben; trachte von ganzem Herzen danach, dich zu verstehen; wende dein mitfühlendes Herz deinem Schuldgefühl und deinem Jammer zu. Erbarme dich deiner selbst mit aller Liebe, deren du fähig bist, ohne deine Schuld zu leugnen. Wenn du deine Schuld auf dich genommen, deine Not ins Herz geschlossen und deine Beweggründe verstanden hast, bist du frei und bereit, dich der Not dessen zu öffnen, den zu geschädigt hast. Gehe hier genauso vor wie mit dir selbst: Wende dein mitfühlendes Herz dem Schmerz, der Not und dem Zorn dieses Menschen zu; nimm all seine Gefühle an und in dein Herz auf, und seien sie noch so bitter, und trachte danach, sie zu verstehen.

Hast du alles gefühlt und alles verstanden, so frage dein Herz, was du dem Betreffenden – in aller Achtung und Ehrfurcht vor der Unversehrtheit seines wahren Wesens und der Liebe, die ihn dazu getrieben hat, sich dir als Opfer zur Verfügung zu stellen – Gutes tun kannst.

Und dann tue, was dein Herz dir gebietet.

So wirst du nicht nur frei von Schuld, sondern wächst in der Liebe, und das Opfer hat seinen Zweck erfüllt.

Schuld und Schulden

Welches ist deine Schuld? Was hast du verbrochen, daß du dich schuldig und unwert fühlst? Warum hast du Schulden, mußt dein Dasein durch geborgte Gelder bestreiten? Wofür bestrafst du dich? Wer hat das Urteil »nicht lebenswert« über dich verhängt?

Du selbst und nur du selbst bist der Richter.

Sprich dich frei!

Wünschst du Freiheit? Wünschst du, frei zu sein von Schuld und Schulden? Möchtest du erhobenen Hauptes durch die Welt spazieren können und dich reich zeigen, stark, schön und gesund?

Was steht im Wege?

Deine Angst?

Nimm sie in dein Herz auf. Erbarme dich ihrer. Sie war immer schon da, hat dich begleitet von Anfang an, aber du wolltest nichts mit ihr zu tun haben.

Erbarme dich ihrer! Sie braucht das Licht deiner Bewußtheit, die Wärme deiner Liebe.

Und alles wird gut.

Das Verhängnis

Du verliebst dich in einen Menschen, in den du dich nicht verlieben darfst. Er ist verheiratet; oder du bist verheiratet; oder alle beide; jedoch nicht miteinander.

Ihr habt einen Augenblick zu lange gezögert, und schon nimmt das Verhängnis seinen Lauf.

Worin besteht das Verhängnis?

In Unachtsamkeit.

Seid ihr achtsam, dann achtet ihr in jedem Augenblick auf die Stimme eures Herzens. Haltet euch an euer Herz in jeder Situation, jedem Gespräch, bei jeder Entscheidung; so könnt ihr nicht fehlgehen.

Schiebt ihr die Stimme des Herzens beiseite und laßt euch statt dessen überrollen von euren Emotionen, eurem Hunger nach Erfüllung und Befriedigung oder, auf der anderen Seite, von eurer Angst, euren Moralvorstellungen, von dem Wunsch, etwas zu sein, das ihr nicht seid: unfehlbar treu, dann ist euch Verhängnis sicher: innere oder äußere Verwicklung, Schmerz, Schuld, Unheil.

Bleibt ihr achtsam und folgt den Eingebungen eures Herzens, so werdet ihr in jedem Augenblick das richtige tun.

Gut sein

Sei nicht gut; gib es auf, gut sein zu wollen. Dein Gutsein kann der Liebe den Weg versperren.

Sei wahr! Das Wahre ist das große Gute.

Das kleine Gute ist das Gegenstück des Bösen; gut und böse gehen Hand in Hand.

Das große Gute hat kein Gegenstück; es ist vollkommen.

Schlecht sein

Erbarme dich deiner Schlechtigkeit. Sie hat es nicht verdient, ein Schattendasein zu fristen; sie will ans Licht. Sie ist Diener des großen Guten wie alles andere.

Worin besteht deine Schlechtigkeit? In Egoismus? Dein Egoismus zeigt dir, daß du dich besser um dich kümmern mußt. Egoismus ist das kleine Schlechte, Selbstliebe das große Gute.

Oder bist du schlecht, weil du neidisch bist? Dein Neid zeigt dir, was dir fehlt und wonach du dich sehnst. Danke deinem Neid dafür und schließe ihn ins Herz! Und dann kümmere dich um das, was dir fehlt. Richte deine Emotion statt auf die Ziele deines Neids, die Glücklicheren, auf die Quelle allen Glücks. Wünsche und erbitte mit aller Intensität das, was du brauchst, und tue selber alles dafür, was du tun kannst. Aber bettele nicht und mache dein Gebet nicht durch mutlose Gedanken zunichte! Neid ist das kleine Schlechte, Sehnsucht das große Gute.

Bist du schlecht, weil du schlecht von anderen denkst? Dein schlechtes Denken über andere zeigt dir, was du an dir selbst nicht magst. Kümmere dich um die Teile deines Wesens, die du nicht magst; sie brauchen Licht und Liebe wie alles andere auch. Wenn du sie schon nicht für gut befinden kannst, dann kannst du sie wenigstens mitfühlend ins Herz nehmen, wie Kinder, die nicht besonders hübsch und nicht besonders klug, aber doch deine Kinder sind, die du liebhast.

Jedes kleine Schlechte dient einem großen Guten. Hebe das Schlechte ans Licht und nimm dich seiner an, und es enthüllt dir das Gute.

Trägheit

Schiebt sich Trägheit machtvoll in dein Leben, so sind in dir Kräfte am Werk, die dich an schnellem Fortschreiten hindern; Kräfte, die Wandel und Entwicklung zugunsten größerer Tiefe verlangsamen.

Besser ein langsamer, tiefer Wandel als ein schneller, oberflächlicher.

In diesem Sinne kannst du die Trägheit willkommen heißen und ehren.

Du kannst ihr uneingeschränkt und vollständig nachgeben, solange du wach bleibst für die Stimme des Herzens, die dir im richtigen Augenblick sagt, daß es Zeit ist, zu handeln, dich zu erheben oder weiterzugehen.

Überlaß dich der Trägheit ganz, aber achte auf den leisesten natürlichen Impuls zur Bewegung, zur Aktivität, zum Abschütteln von Trägheit und Schwere.

Ahme die Katzen und Hunde nach: Träge verbringen sie ihre Zeit mit Schlafen und Dösen; doch beim geringsten Signal springen sie auf, hellwach und zu allem bereit.

Gibst du dich hingegen der Trägheit, wenn sie sich gebieterisch in dein Gemüt und deinen Körper schiebt, nur halb hin, so riskierst du Verspannung und Müdigkeit und die Unfähigkeit, vollkommen wach und aktiv zu sein, wenn die Zeit dafür gekommen ist.

Faulheit

Faulheit ist ein Zeichen dafür, daß du nicht auf die Stimme deines Herzens achtest. Entweder gönnst du dir nicht die Menge oder die Art von Erholung, die du brauchst; oder du vergeudest deine Zeit mit Tätigkeiten, an denen dein Herz nicht beteiligt ist. In beiden Fällen reagiert das weise innere Selbst mit Unlust, mit Faulheit.

Faulheit ist ein natürlicher Ausgleich zur Überaktivität; oder aber ein Hinweis, daß du nicht auf dem richtigen Weg bist.

Auf keinen Fall aber ist Faulheit eine Untugend, derentwegen du dich beschimpfen sollst.

Kinder sind niemals faul; faule Kinder gibt es nicht. Kinder, die zu unnatürlicher körperlicher Untätigkeit und intellektueller Anstrengung gezwungen werden, gegen die sich ihr inneres Wesen mit Recht auflehnt, reagieren mit aktiver oder passiver Rebellion. Passive Rebellion ist Faulheit, Krankheit oder Verträumtheit.

Kinder lieben es, zu spielen, zu lernen, sich zu bewegen und schöpferisch zu sein. Spielerisch, schöpferisch und unter Beteiligung ihres Körpers lernen sie mühelos, ganz von selbst.

Erwachsene sind in ihrem wahren Wesen nichts anderes als Kinder: beobachte nur dein Herz, deinen Körper, die Gedanken, die dich in Wahrheit bewegen, und du siehst, wie kindlich du bist. Erwachsene, ihrem wahren Wesen nach, lieben es, zu spielen, zu lernen, sich zu bewegen und schöpferisch zu sein. Sind diese Aspekte in der Tätigkeit, die sie in Beruf und Heim ausüben, vertreten, wird Faulheit kaum auftreten; wenn doch, ist es ein Hinweis, daß das Herz an der Tätigkeit nicht beteiligt ist.

Sucht

Hinter jeder Sucht steckt ein unerfülltes Bedürfnis. Erfülle das gesunde und natürliche Bedürfnis, das hinter deiner Sucht steckt, sei es seelischer, geistiger, emotionaler oder physischer Natur, und die Sucht fällt von dir ab.

Finde heraus, welche Freude, welchen Vorteil es dir verschafft, deiner Sucht zu frönen. Finde den tiefsten, grundsätzlichsten Wunsch, der sich darin offenbart. Verlange Erfüllung dieses Wunsches von der Quelle aller Erfüllung, und trage dann alles zu seiner Erfüllung bei, was du nur irgend selber zu ihr beitragen kannst. So wirst du frei.

Tagträume

Es gibt Tagträume, die dir Kraft rauben, und solche, die dir Kraft geben. Träume, die Kraft rauben, sind solche, in denen du vor der Realität deines Lebens in eine angenehmere Welt flüchtest. Sie ziehen die Energie, die du einsetzen könntest, um dein Leben zu verbessern oder tiefer zu erleben, von der Realität ab, um eine unfruchtbare Illusion zu nähren.

Tagträume, die dir Kraft geben, sind schöpferischer Natur. Auch hier träumst du dich in eine andere Realität hinein, aber um sie Wirklichkeit werden zu lassen. Beispielsweise stellst du dir vor, mutiger zu sein oder liebevoller, mitfühlender oder leichtfüßiger als du derzeit bist; und indem du es dir vorstellst, wird es bereits Wirklichkeit in dir. Oder du träumst dich in eine schönere Umgebung hinein und trägst und nährst dieses Bild in deinem Herzen, bis es Wirklichkeit wird.

Der Unterschied besteht darin, daß du im zweiten Fall an deine Kraft glaubst, im ersten aber nicht.

Kreativ leben

Wenn du dein Herz lebendig halten und mit ihm in Fühlung bleiben möchtest, dann erlaube dir, ein kreatives Leben zu führen. Das muß nicht bedeuten, daß du einer Tätigkeit nachgehst, die allgemein als kreativ gilt, also beispielsweise malen oder schreiben; es bedeutet vielmehr, schöpferisch mit deinem Leben umzugehen. Dein Leben ist die Leinwand, auf der du Bilder gestaltest. Und wie ein wahrer Künstler völlig frei von dem Gedanken an Erwartungen und Urteile seines Publikums aus reiner Freude am Schaffen sein Bild gestaltet, so sollst du dein Leben gestalten: frei von Gedanken an Erwartungen und Urteile anderer, einzig zur Freude und Verherrlichung des *Geliebten* und zum Ausdruck der Sehnsucht, der Liebe, der Kraft und der Schönheit, die dir innewohnen.

Betrachte die Szenerie deines gegenwärtigen Lebens: Gefällt sie dir? Drückt sie dein wahres Wesen aus? Wenn nicht, warum nicht? Was behindert deinen freien Ausdruck? Welche Elemente würdest du verändern, wenn du frei wärst?

Warum bist du nicht frei? Aus Angst? Oder aus Liebe?

Reihe alle Elemente, die dein gegenwärtiges Leben bilden, nebeneinander vor dir auf; tue dies im Geist oder stelle sie auf Papier oder in anderen Symbolen dar. Das ist das Material, mit dem du gegenwärtig arbeitest. Gefällt es dir? Gefällt dir die Art, wie du es gewohnheitsmäßig einsetzt? Entspricht es deinem inneren Stil? Was mußt du verändern, um mehr von dem, was du bist, zum Ausdruck zu bringen?

Du hast Beine und Füße, um dich von einem Ort zum anderen zu bewegen. Mußt du immer dieselben Wege gehen? Und mußt du immer gehen? Vielleicht möchtest du manchmal lieber laufen, hüpfen, tanzen, schlendern oder mit den Armen schlenkern.

Du hast eine Stimme, um dich auszudrücken. Befreie sie. Erweitere ihre Ausdrucksmöglichkeiten. Was fehlt im Repertoire deiner stimmlichen Äußerungen? Vielleicht möchtest du manchmal laut seufzen und jammern, vielleicht deutlicher sprechen, lauter werden oder langsamer, vielleicht öfter singen oder summen. Spiele mit deiner Stimme, bis sie besser in der Lage ist, dein wahres Wesen auszudrücken. Spiele mit ihr! Sie gehört dir.

Was ist mit deinem Körper? Erhältst du ihm die Freude an der Bewegung? Mußt du ihn immer auf dieselbe Art bewegen? Fühlst du seine Sehnsucht, sich zu dehnen und zu strecken, zu krümmen und zu drehen, zu schwingen und zu tanzen? Ein kümmerliches Dasein fristet der Körper, der nur gehen, sitzen und liegen darf.

Deine Arme und Beine, deine Stimme, dein ganzer Körper; die Welt der Farben, Buchstaben, Töne; die Landschaften, Städte, Häuser; die unzählige Vielfalt der Nahrungsmittel; der Gewürze; der Stoffe; Düfte; Möbel; Kleider ... die Welt bietet Material im Überfluß für jeden, ob er nun arm ist oder reich, um daraus schöpferisch sein Leben zu gestalten. Welches Kind ist reicher: das Kind, das sich aus Stöcken und Steinen, aus Sand und Wasser, aus Blättern und Vogelfedern sein Material zum Spielen und Träumen zusammenstellt, oder das Kind, dem fertiges Spielzeug in Hülle und Fülle zur Verfügung steht? Das Kind ist reicher, das mit mehr Freude spielt, mit mehr Hingabe und Fantasie; ganz gleich, welcher Art sein Spielzeug ist.

Genauso verhält es sich mit Erwachsenen.

Arm und reich macht keinen Unterschied, solange du genug zu essen und ein Dach über dem Kopf hast. Der große Unterschied besteht darin, wie du deine Kreativität nutzt, um dein Leben zu gestalten.

Als Schöpfer bist du gekommen! Nicht als Geschöpf in eine fertige Welt gestellt.

Energie

Wo ist deine Energie, wenn nicht dort, wo dein Herz ist?

Ist dein Herz bei weit entfernten Wesen oder Dingen, so steht dir ein entsprechend großer Teil deiner Energie nicht zur Verfügung.

Mache das, was du ersehnst und liebst, zu einer Realität in deinem Leben, hier und jetzt, und die Energie kehrt zu dir zurück.

Weilen deine sehnsüchtigen Gedanken bei einer geliebten Person, so befindet sich ein Großteil deiner Energie bei dieser Person. Du kannst diese Energie, die nicht ihr, sondern dir zusteht und von Nutzen zu sein hat, auf zwei verschiedene Arten zu dir zurückholen; entweder indem du dein Denken und Fühlen von dem Betreffenden löst oder, wenn dir das nicht möglich ist, weil die Liebe oder die Anhaftung zu groß ist, indem du die Liebe zu jenem Menschen in deinem Leben hier und jetzt manifestierst, ähnlich wie ein frisch Verliebter alles, was ihm begegnet, mit der Freude seiner Verliebtheit belebt.

Finde Kontakt zum wahren Wesen des Geliebten und diene seinem wahren Wesen, indem du dort, wo du gerade bist, in Liebe wächst und deine eigene Schönheit entfaltest. Das wahre Wesen des Geliebten ist nicht fern von dir; jenseits von Raum und Zeit beheimatet, ist es in steter Berührung mit dir, und jeder deiner Fortschritte bereichert es.

Weilen deine sehnsüchtigen Gedanken in den Welten der Engel, den Sphären des Lichts oder bei deinem Gott als dem Allerhöchsten, das du dir vorstellen kannst, dann fehlt dir auf der physischen Ebene das Maß an Energie, das du in das Sehnen nach dem Höheren investierst. Bringe das Höhere in die Realität deines weltlichen Lebens; fühle den Allerhöchsten nah bei dir in den kleinsten Dingen des Alltags; und die Energie kehrt in deinen Körper zurück, vermehrt und bereichert.

Weilen deine sehnsüchtigen Gedanken an einem anderen Ort – du möchtest nicht dort leben, wo du lebst, sondern woanders –, dann fehlt es dir im Hier und Jetzt an ebensoviel Energie, wie du in das »Dort und Später« investierst.

Mache das, was du dir von »dort« und »später« erhoffst, hier und jetzt zur Realität, und die Energie kehrt
zu dir zurück, vermehrt und bereichert. Fehlt es deinem Zuhause beispielsweise an Größe, so vergrößere
den Raum, den du in deiner wahren, inneren Realität
einnimmst, in der Welt der Psyche und des Geistes, in
der zwischenmenschlichen Innenwelt. Nimm dir soviel
Raum, wie du brauchst; beanspruche, sichere und
schütze deinen Raum; gib auch deiner Seele Raum in
deinem Leben, entwickle die Raumqualitäten deines
Herzens, kurz, kümmere dich mit allen Mitteln um die
Frage größeren Raums.

Fehlt es dir dort, wo du lebst, an Sonne, an Licht und
Wärme, Glanz und Klarheit, so sorge für Licht und Wär-
me, Glanz und Klarheit in deinem inneren und äußeren
Leben. Pflege lebendigen Kontakt mit dem Wesen der
Sonne; nimm soviel Sonnenstrahlen auf, wie du nur
irgend bekommen kannst; achte auf helle künstliche
Beleuchtung in deinem Haus, auf helle, frohe Farben,
viel Gelb, gepaart mit Weiß, Kristall und Blumen.

Fehlt es dir in deinem Haus an Höhe – die Räume
sind niedrig, das Haus liegt in Tal oder Senke –, so erlaube deinem Geist, in die Höhe zu streben. Und so
fort. Was immer du in der Ferne ersehnst: Mache es zu
einer lebendigen Wirklichkeit in deinem Leben, jetzt
und hier, und die Kraft kehrt vermehrt und bereichert
zu dir zurück.

Auch das Wesen eines fernen Geliebten kannst du
in deine Gegenwart holen: indem du die Eigenschaften
der geliebten Person in dir selber weckst, die Erinnerung an sie als Anreiz und Auslöser benutzend.

Befreist du dein Bewußtsein von der Fracht der Erinnerung und enthebst es der Sehnsucht nach fernen

Wesen und Dingen und holst das geliebte Wesen oder Ding in dein Herz, es mit deiner Liebe umschließend und die Süße seiner Gegenwärtigkeit genießend, so hältst du deine Energie zusammen, anstatt sie zu zerstreuen.

Deshalb: Fehlte es dir an Energie, so prüfe, ob dein Herz woanders weilt als hier und jetzt.

Geldprobleme

Was Energie in der inneren Welt, ist Geld in der äußeren.

Geld zu besitzen, versetzt dich in die Lage, Dinge zu tun in der Welt; Geld nicht zu besitzen, hemmt deine Macht und Bewegungsfreiheit in der Welt.

Geld folgt der Energie; und die Energie folgt dem Herzen.

Läßt du deine Energie vom Hier und Jetzt fortströmen in Vergangenheit oder Zukunft, zu anderen Orten oder fernen Wesen (siehe Kapitel »Energie«), so wird auch dein Geld die Tendenz haben, von dir fortzuströmen.

Bist du jedoch in der Lage, deine Energie im Hier und Jetzt zu sammeln, so wirst du besser in der Lage sein, Geld zu sammeln.

Denkst du in einem fort: »Ich bin unzufrieden; es sollte anders sein; mir fehlt dies und das«; so wird es dir wahrscheinlich auch an Geld fehlen.

Fühlst du dich schuldig oder unwert, wirst du wahrscheinlich Schulden haben. Auch der Gedanke, dein Soll nie erfüllt zu haben, kann zu Schulden führen.

Verweilt dein Herz bei dem, was sein sollte, aber nicht ist, so wirst du dich von dem Soll auf deinem Konto nicht lösen können.

Die Lösung: Hole das, was sein sollte – das, was du ersehnst, in dein Leben hinein! Was immer es sei – alles, was du wünschst, kann Realität für dich werden. Ist es Erfüllung in der Liebe, die dir fehlt, weil beispielsweise dein Ehepartner dir das versagt, was du ersehnst, oder weil du allein bist, so erbitte den ersehnten Segen aus dem unbegrenzten Reichtum deines inneren Wesens – mit anderen Worten, bete darum, daß er aus dem Schlummer, in dem er auf dem Grunde deines Wesens verborgen liegt, erwachen und sich manifestieren möge –, und tue dann alles, was dir möglich ist, um deinerseits zur Erfüllung beizutragen.

Ist es Freiheit, die dir fehlt, sei frei! Übe und erprobe deine Freiheit in allen Bereichen, in kleinen Schritten! Was immer dir fehlt in deinem Leben: bestimmend für dein Gefühl von Glück und Erfüllung ist deine innere Realität; und das innere Wesen, die Essenz von allem, was es gibt, kann lebendiger Bestandteil deiner inneren Realität werden. Sei es Liebe, Kraft, Frieden, Freiheit, Kreativität, Reichtum oder Freude.

Auf diese Weise sorgst du für Reichtum und Erfüllung in deinem Wesen, deinem Leben, deinen Finanzen und deiner Mitwelt.

Die Alternative:

Höre auf zu klagen über das, was dir fehlt, und würdige und genieße statt dessen die Fülle dessen, was dir eigen ist!

Das ist der Weg zu Reichtum und Erfüllung in jedem Augenblick.

Den Körper lieben

Liebe deinen Körper von ganzem Herzen; er ist der Tempel des *Geliebten*; er ist dein Instrument und Fahrzeug in dieser Welt; vor allem aber ist er eine Vereinigung lebendiger Wesen, die sich zusammengeschlossen haben zu dem einzigen Zweck, dir zu dienen.

Jede Zelle deines Körpers ist intelligent und mit Bewußtsein ausgerüstet; sie tut ihre Arbeit zur richtigen Zeit am richtigen Ort mit unermüdlicher Hingabe, wie schlecht auch immer du deinen Körper behandelst; sie arbeitet für dich.

Die Zellen deines Körpers brauchen den Atem des Lebens. Wieviel sie davon erhalten, hängt davon ab, was du denkst und fühlst.

Ist dein Denken und Fühlen neugierig, offen, schöpferisch, großherzig, flexibel, so kann der Atem des Lebens deinen Körper durchdringen und beleben. Auch wenn die Umstände deines Lebens noch so schwierig, die Bedingungen noch so hart sein mögen: nichts kann dich daran hindern, neugierig, offen und flexibel zu bleiben, dein Herz offenzuhalten und schöpferisch mit deinem Leben und deiner Person umzugehen.

Sind die Zellen deines Körpers voller Leben und Freude, dann ist dein Geist beschwingter, und die Umstände deines Lebens wenden sich zum Besseren.

Schweigen

Das Herz verlangt nach Ausdruck; seine Kraft aber erhöht sich durch Schweigen.

Laß dein Herz durch Taten sprechen; durch deine Haltung; seltener durch Gesten; und noch seltener durch Worte.

Wenn du ein Künstler bist und das, was dein Herz bewegt, in Form von Kunst ausdrückst, dann achte darauf, nicht die gesamte Kraft deines Herzens aus dir hinaus- und in deine Werke hineinströmen zu lassen; sondern fühle bewußt die Kraft der Liebe und der Sehnsucht in deinem Herzen, bevor du mit deiner Arbeit beginnst, und wenn du endest, nimm das Echo wahr, das dein Werk in deinem Herzen erzeugt. Wenn du dies bewußt, ernsthaft und konzentriert tust, wächst zugleich mit deinem Werk auch du selbst.

Bringe alles dem *Geliebten* dar; die Liebe und die Sehnsucht deines Herzens, dein Werk und den Eindruck, den dein fertiges Werk in deinem Herzen hervorruft.

Verantwortung

Du hast nur eine Verantwortung, nämlich die deinem inneren Selbst gegenüber. Bist du dir selber treu, oder unterdrückst du die Wünsche, die aus deinem Innern kommen, vernachlässigst deine innersten Bestrebungen, verrätst dich, läßt dich im Stich?

Anders gesagt: Lebst du aus dem Herzen heraus oder von der Peripherie her, gesteuert durch die Außenwelt?

Dein Herz weiß, wann es notwendig ist, einem Menschen zu helfen, dich in den Dienst einer Sache zu stellen, für andere dazusein. Wenn du es dir zur einzigen Aufgabe, zur einzigen Pflicht und Verantwortung machst, mit dir selbst eins zu sein und immer und unter allen Umständen der Stimme deines Herzens zu folgen, dann ist dafür gesorgt, daß du dem Wohl des Ganzen dienst, und zwar genau so, wie du es am besten kannst, auf deine einzigartige Weise.

Die Aufgabe des Heilers

Als Heiler hast du vor allem eine Aufgabe – die gleiche wie jeder, der sich der Liebe verschrieben hat –: immer und unter allen Umständen der Stimme deines Herzens zu folgen.

Weder bist du verantwortlich für Leben, Gesundheit und Entwicklung deiner Patienten oder Klienten, noch hast du sie zu heilen; das Leben ist es, das sie in deine Obhut gegeben hat, und das Leben weiß, warum und wozu. Es verfolgt seine eigenen Ziele; Ziele, die immer, ohne Ausnahme, der Höherentwicklung und wachsender Vollkommenheit dienen. Auf welche Weise du den Menschen helfen kannst, die es zu dir schickt, sagt es dir von Augenblick zu Augenblick.

Übst du dieses Aufs-Herz-hören nur im Rahmen deiner therapeutischen Tätigkeit und nicht in deinem sonstigen Leben, so lieferst du kein gutes Beispiel für Heilsein und Ganzheit und kannst deshalb als Heiler nicht so vollständig wirken, wie du es könntest, würdest du deiner eigenen Person ebensoviel Pflege und Aufmerksamkeit zuteil werden lassen wie deinen Patienten.

So gut du auch sein magst in deinem therapeutischen Beruf: Heiler bist du erst, wenn du selber heil bist.

Kümmerst du dich nur um das Heil anderer und vernachlässigst dein eigenes, so rebelliert dein Inneres und wird früher oder später nach deiner Aufmerksamkeit auf eine Weise verlangen, die du nicht mehr ignorieren kannst.

Heile dich selbst wie deine Patienten, wachse mit ihnen; sei gemeinsam mit ihnen Patient des großen Heilers, des Lebens; lerne von ihren Krankheiten wie von deinen; dann lieferst du die besten Voraussetzungen dafür, ein Heiler zu sein.

Heil sein

Heil sein ist nicht gleichzusetzen mit Freiheit von Krankheitssymptomen; während einer schweren Erkrankung erfährst du möglicherweise den Zustand des Heilseins, den du zuvor, in gesundem Zustand, nie kennengelernt hast, zum Beispiel weil du immer außer dir warst, während die Krankheit dich zwingt, bei dir zu sein.

Heil sein bedeutet, tiefinnerst zu fühlen und davon überzeugt zu sein, daß alles gut ist, das Gute wie das Schlechte; daß alles geborgen ist in der Liebe; keinen Teil deiner selbst, keinen Gedanken, kein Gefühl vor dir verbergen zu müssen; dich immer und überall eins zu wissen mit dem Licht und der Liebe des Lebens.

Elternschaft

Als Vater wie als Mutter dienst du dem Leben, indem du ihm erlaubst, sich in neuer Gestalt zu manifestieren.

Erlebe die Schöpfer- und Gestalterfreude in dir, die das neue Leben formt, aber halte sie weder für dein Eigentum, noch mische dich ein in ihr Wirken!

Das Selbst deiner Kinder strebt nach seinem eigenen Ausdruck; deine Aufgabe ist es, seine freie Entfaltung zu unterstützen. Weder wie du soll dein Kind werden noch wie alle anderen, sondern wie es selbst.

Sorge du nur dafür, daß dein eigenes Wesen den ihm gemäßen Ausdruck findet, dann brauchst du nicht deinem Kind den Stempel deiner Wesensart aufzuprägen, damit es verwirkliche, was du versäumt hast!

Für dein Opfer erhältst du ein Geschenk: Wachstum. Als Vater oder Mutter wächst du, ob du es willst oder nicht; jeder Dienst an deinen Kindern vergrößert deine Fähigkeiten und weitet dein Herz.

Bemühe dich nicht künstlich, deine Kinder zu lieben; du würdest nur Liebe mit Emotion verwechseln und dich für einen guten Vater oder eine gute Mutter halten, weil du Rührung, Zuneigung oder Zärtlichkeit empfindest. Rührung ist verwandt mit Gefühllosigkeit, Zuneigung mit Abneigung und Zärtlichkeit mit Grausamkeit.

All das sind Emotionen, die zum Leben gehören wie Wetter und Wind; aber sie sind nicht die Liebe.

Die Liebe wirkt durch dich, wenn du deinem Herzen treu bist; das gilt für Elternschaft wie für alles andere. Liebe wirkt durch jedes deiner Worte, jede deiner Äußerungen und jede deiner Handlungen, wenn sie nur ehrlich sind. Durch ehrliche Äußerungen wirkt die Liebe rein und direkt; durch unehrliche und doppeldeutige wirkt sie auch, aber in verzerrter Form und auf Umwegen.

Lehrer und Erzieher

Der Lehrer ist das Leben; der Erzieher ist das Leben. Ihr »Lehrer« und »Erzieher« seid Schüler und Zöglinge des Lebens wie eure Schüler und Zöglinge auch.

Gemeinsam lernt ihr und werdet erzogen, in einem dafür geschaffenen Feld. Welches auch immer die Inhalte sind, die ihr vermittelt: in Wahrheit dient ihr weder den Kindern noch den Behörden noch euch selbst, ihr dient dem Leben. Fühlt, was das Leben von euch will, wenn ihr mit eurem Unterrichtsmaterial vor der Klasse steht; und werdet dem gerecht, so gut es irgend geht in dem Rahmen, der euch vorgegeben ist.

Ihr könnt mit dem Leben fließen und dennoch Strukturen vermitteln; solange die Strukturen im Vordergrund stehen und dahinter der mächtige Strom des Lebens zu spüren ist. Ihr könnt der Intuition gehorchen und dennoch Logik und Vernunft lehren; solange Logik und Vernunft im Vordergrund stehen und der mächtige Strom der Intuition dahinter zu spüren ist. Ihr könnt Abgrenzung, Behauptung und Auseinandersetzung lehren, solange diese im Vordergrund stehen und dahinter der mächtige Strom der Liebe zu spüren ist.

Das Wahre müßt ihr nicht lehren, sondern sein. Was ihr seid, ist ansteckend, auch wenn ihr es nicht in Worten erklärt.

Selbstlosigkeit und eigene Bedürfnisse

Wenn kein verborgenes Unheil mehr in dir ist, wenn dein Herz dein gesamtes Sein in selbstverständlicher Liebe und Achtung umfängt, dann wirst du, ganz von selbst, deinen großen Vorbildern gleich: selbstlos und in der Lage, deine gesamte Zeit und Kraft anderen zu widmen.

Selbstlosigkeit anzustreben, indem du deine eigenen Bedürfnisse mißachtest und dich um die anderer kümmerst, führt zu Unheil. Meist hat es zur Folge, daß du von anderen verlangst, sich um deine Bedürfnisse zu kümmern. Insgesamt erreichst du damit weder Erfüllung noch Heilung, nur Verschiebung.

Solange Bedürfnisse vorhanden sind, ist es notwendig, sich um sie zu kümmern. Solange das Kind gestillt werden will, stille es; es wird von selbst aufhören, danach zu verlangen. Wann die Zeit dafür reif ist, wird es ebenso spüren wie du.

Genauso verhält es sich mit der Beziehung zwischen dir und deinem inneren Kind. Solange es Bedürfnisse hat, kümmere dich um sie. Das ist praktizierte Liebe und Selbstlosigkeit. Selbstbezogen ist nicht der Mensch, der sich um sich kümmert, sondern der, der das versäumt und es statt dessen von anderen verlangt.

Das Herz ist unparteiisch; es kümmert sich um die Not, die in seinen Wahrnehmungskreis eintritt, sei es eigene oder fremde.

Sich um fremde Not zu kümmern ist nicht edler, als sich um eigene zu kümmern.

Not ist Not, und sie bedarf der Linderung.

Bedürfnisse entfallen von selbst, wenn sie erfüllt sind.

Sucht entsteht aus unerfüllten Bedürfnissen, nicht aus ihrer Erfüllung.

Engel

Im Herzen bist du rein, unschuldig, bist du Engel. Wenn du mit der Welt der Engel in Berührung kommen möchtest, dann vertiefe dich in dein eigenes Herz. Lausche deinem Herzen; lasse dein Herz sprechen; achte die Stimme deines Herzens und halte dein Herz heilig. So pflegst du die Beziehung mit dem Engel in dir; und wenn du den Herzen deiner Mitmenschen lauschst, ihre Stimme achtest und sie heilig hältst, pflegst du die Beziehung mit dem Engel in ihnen.

Das ist das ganze Geheimnis.

Es gibt unverkörperte Engel und verkörperte; die unverkörperten sind das, was die Menschen als Engel bezeichnen; die verkörperten sind die Menschen selbst.

Das Geheimnis des Herzens

Das Geheimnis des Herzens ist unaussprechlich, unbeschreibbar, unbenennbar. Und doch bildet es den Kern des Herzens, den Kern des Wesens, den Kern des Lebens und den Kern der gesamten Realität.

Wenn du diesen Kern berühren möchtest – denn Berührung ist der einzige Weg, ihn kennenzulernen –, dann mußt du dich berühren lassen von allem Leben, jeder Begegnung, dem Zauber eines jeden Augenblicks, von dem, was dich und andere bewegt, vom Wunder des Atems und von der Stille.

Dich berühren zu lassen, erfordert Offenheit, Achtsamkeit und Gegenwärtigkeit. Bist du in Gedanken verloren, in Urteilen befangen oder verschließt dich aus

Angst, so bleibst du unberührt vom Zauber des Augenblicks, von der Begegnung, dem Geheimnis.

Übe Nähe zu dir selbst und lausche deinem Herzen, und das Geheimnis wird dich berühren. Vertiefe dich in Nähe und Lauschen, und es wird sich dir offenbaren.

Aber erwarte nichts und stelle dir nichts vor; sonst könnte das Wunder unbemerkt an dir vorbeigehen.

Im Herzen des Augenblicks

Mitten im Herzen des Augenblicks wohnt das Geheimnis. Du findest das Geheimnis nicht, indem du danach suchst; du findest es nicht, indem du darüber nachdenkst. Du findest es, indem du von ganzem Herzen anwesend bist.

Nur wenn du von ganzem Herzen anwesend bist, enthüllt sich dir das göttliche Geheimnis, das im Herzen eines jeden Augenblicks verborgen ist.

Tiefe

Tiefe kommt aus der Intensität, mit der du dich in den Augenblick vertiefst. Dich vertiefen ist nicht dasselbe wie dich verlieren; dich vertiefen bedeutet konzentriertes, waches Interesse, gänzliches Gegenwärtigsein.

Gewöhnlich berührt der Mensch nur die Oberfläche; die Oberfläche der Dinge, die Oberfläche der Gedanken, die Oberfläche der Begegnung mit anderen und die Oberfläche der Probleme. Nur selten einmal schimmert spontan und ganz von selbst etwas aus der Tiefe herauf ans Oberflächenbewußtsein.

Der gewöhnliche Mensch ist gleichsam nur mit der Peripherie seiner selbst bewußt und aktiv; der Rest schlummert, jedenfalls während des Tages.

Wer viel schweigt, sich viel in der Natur aufhält und meditiert, kommt in Berührung mit tieferen Schichten seines Wesens.

Poesie

Poesie ist ein Schimmer von Wahrheit, der aufglänzt in einem empfänglichen Gemüt.

Logik

Die Logik des Herzens ist eine andere als die Logik des Verstandes. Will der Verstand etwas begreifen, so folgert er gemäß den ihm eingegebenen Gesetzen. Will das Herz etwas begreifen, so öffnet es sich und schweigt.

Für das Herz gibt es keine Ursache, keine Wirkung, keine logischen Konsequenzen; es gibt nur das, was ist.

Das Leben gestalten

Du denkst, du könntest das Leben formen nach deinem Geschmack, aber das Leben formt dich nach dem Geschmack des Höchsten. Nur wenn du auf der Höhe deiner selbst bist und eins mit dem Geschmack des Höchsten, kannst du es wagen, das Leben nach deinen

Wünschen zu gestalten, und es wird sich – nur zu gerne – fügen.

Befehle! Verfüge! Aber zuerst begebe dich in den Befehlsstand: Das ist der Platz, auf dem du den größten Überblick hast – über Ströme aus der Vergangenheit und der Zukunft, über Unterwelt und Anderwelt und über die Geheimnisse deines Herzens.

Weilst du jedoch in den Niederungen des Daseins, verwirrt und verstrickt, so gib jeden Versuch auf, dein Leben nach deinem Geschmack formen zu wollen, sei demütig und lasse dich formen. Es ist immer zu deinem besten und schönsten. Sobald du dich ergibst, kann die Liebe des Höchsten dich formen zu deinem Ideal.

◆◆◆

Und lasse dich nicht entmutigen! Es gibt keinen Platz auf der ganzen Welt, an dem der *Geliebte* nicht weilt, und es gibt keinen Ort, an dem er fern ist von dir. Niemals und niemals bist du allein und verloren. Immer und immer arbeiten Liebe und Leben in dir; und wenn dir nichts von dem gelingt, was du gestalten wolltest, in dir und außerhalb von dir, so gestalten sie dich.

◆◆◆

Geh hin und fege deinen Fußboden und säubere dein Haus, wenn die großen Dinge nicht gelingen wollen. Nicht die Dinge sind wichtig, sondern die Liebe, mit denen du sie berührst.

◆◆◆

Absicht und Absichtslosigkeit

Es gibt eine Absicht, die hinter allem waltet. Absichtslos bist du im Einklang mit dieser Absicht. Begnügst du dich damit, zu sein, was du bist, zu tun, was du tust, zu fühlen, was du fühlst, und zu wünschen, was du wünschst, so folgst du mühelos der Spur der göttlichen Absicht.

Versuchst du jedoch, auf Dinge und Menschen einzuwirken im Sinne deiner Absicht, mit anderen Worten: absichtlich etwas zu bewirken, so sind dir Mühen und Schwierigkeiten gewiß.

Absicht ist eine Kraft; sie hat eine Richtung; du kannst auf sie aufspringen wie auf einen fahrenden Zug und dich transportieren lassen – mühelos, absichtslos, und auf deiner Reise jene Ergebnisse, Erfolge oder Besitztümer entgegennehmen, die du dir im tiefsten Herzen gewünscht hast, so wie du Früchte am Wegrand pflücken würdest.

Trachte erst danach, das Wirken der *Absicht* in deinem Herzen zu erfassen, bevor du dich daranmachst, etwas zu beabsichtigen.

Das Ziel des Lebens

Glaube nicht, du habest das Ziel deines Lebens verfehlt, weil es dir nicht gelungen ist, dieses oder jenes zu erreichen. Das Ziel des Lebens verwirklicht sich mit oder ohne deine Mitwirkung; es liegt jenseits deiner persönlichen Bestrebungen.

Zerbrich dir nicht den Kopf darüber, welches das Ziel deines Lebens sei und welches deine Aufgabe. Folge nur immer und überall der Stimme deines Herzens, und du wirst dem Ziel und der Aufgabe gerecht, die sich in dir verwirklichen wollen.

Dort zu sein, wo du gerade bist, ist dein Ziel, und das zu tun, was du gerade tust. Du bist dort, wo du bist, und du tust das, was du tust, weil die *Absicht* dich dorthingetragen hat. Du bist am Ziel.

Verhältnisse verbessern

Bist du unzufrieden mit deinen gegenwärtigen Verhältnissen und möchtest sie verbessern, es gelingt dir jedoch nicht, so mußt du erst einmal begreifen und akzeptieren, daß die gegenwärtigen Umstände genau das sind, was du gegenwärtig brauchst.

Das Richtige – erinnere dich an das vorige Kapitel – ist immer das, was ist.

Das Haus, in dem du lebst und das du gegen ein besseres umtauschen möchtest: Wenn dieses Haus dich festhält, so daß es dir nicht gelingt, ein neues Haus zu finden, dann gibt dir dieses Haus etwas, was du gebraucht und gesucht, aber noch nicht erkannt und angenommen hast. Nimm erst einmal das, was das Haus dir gibt. Nimm es und genieße es und bedanke dich dafür, und sei großzügig mit seinen Schönheitsfehlern.

Und dann: Segne die Schönheitsfehler. Nicht nur erfüllen sie eine wichtige Funktion, indem sie dir zeigen, wo die Schönheitsfehler in deiner Beziehung zu dir selbst, zu deinem Partner oder deiner Familie (je nachdem, mit wem du in deinem Haus wohnst) liegen; sondern sie hindern dich, allzulange an der unbefriedigenden Situation festzuhalten. Sie werden es dir leicht machen, einen Schritt weiterzugehen und eine bessere Behausung zu suchen, sobald du das Gute der derzeitigen gebührend gewürdigt und genossen hast.

So liegt der erste Schritt zur Verbesserung immer darin, das Gegebene zu akzeptieren; nicht, indem du dich ins Unvermeidliche fügst, sondern indem du es aktiv und dankbar annimmst als das, was zur gegebenen Zeit das Richtige ist.

Bereits durch diesen Akt des Akzeptierens kann die Funktion des derzeit Gegebenen erfüllt sein und der Weg frei für eine Veränderung.

Also: Segne, was du hast, bevor du dich daranmachst, dir etwas besseres zu wünschen!

Wenn du dich nun nach einer bestimmten Art von Haus sehnst, zum Beispiel ein großes Haus mit hohen Räumen anstelle des kleinen, niedrigen, das du bewohnst, dann frage dich, was du dir versprichst von dieser Art Haus. Beispielsweise Größe, viel Raum für dich, Inspiration, Schwung, Ordnung oder dergleichen. Realisiere dann das, was du dir wünschst, in dir selber. Das ist der Weg, es dir wirklich zu eigen zu machen und zugleich die entsprechenden äußeren Verhältnisse anzuziehen.

Wenn du gegenwärtig in einem niedrigen, kleinen Haus wohnst, erscheint es dir vielleicht schwierig, Werte wie Größe, Raum, Inspiration, Schwung und etc. zu realisieren; das Haus macht es schwer. Zugleich aber dient dir das Haus, indem es dir das zeigt, was dir nicht gefällt.

Der Weg, es zu überwinden, besteht darin, es in Liebe zu akzeptieren. Akzeptiere in dir das – um bei unserem Beispiel zu bleiben –, was das Kleine, Enge und

Niedrige festhält; wenn es Angst ist, so spüre sie auf und schließe sie ins Herz! Du findest die Angst durch Beobachtung deines alltäglichen Verhaltens. Überall dort, wo du spürst, daß das, was du tust oder nicht tust, aus Angst geschieht, halte inne und widme deiner Angst Aufmerksamkeit und Fürsorge. Fürsorge besteht nicht darin, zur Angst zu sagen: »Du hast keinen Grund, zu existieren«, sondern: »Komm her zu mir. Ich verstehe dich.« So wirst du frei von deiner Angst.

Das gleiche gilt für jedwede Verbesserung, die du an dir selber vornehmen möchtest. Erst einmal erkenne und akzeptiere, daß das, was du derzeit bist, genau das richtige ist – für dich selbst, für deine Mitmenschen und für den Rest des Universums. Danke für das, was du bist, segne es und genieße es. Dann erst ist der Weg frei für Veränderungen – die jedoch nie darin bestehen, unerwünschte Eigenschaften abzuschaffen, sondern sie umzuwandeln. Umwandeln bedeutet nicht, sie in ihr Gegenteil zu verwandeln, sondern ihnen den richtigen Platz zuzuweisen und sie zu veredeln. Das geschieht durch liebevolles Annehmen der betreffenden Eigenschaft ganz von selbst.

Über die Vergangenheit

Die Vergangenheit ist nur insofern wichtig für dich im gegenwärtigen Augenblick, als sie deine Gegenwart trägt.

Sie ist das Fundament deiner Überzeugungen; sie ist der Stoff, aus dem du deine Gegenwart gestaltest.

Es sei denn, du läßt die Vergangenheit Vergangenheit sein und öffnest dich jenen Strömen der Inspiration, deren Ursprung jenseits der Zukunft liegt. So kann das Neue – das Ewig-Neue – Licht und Leben in die trübe Enge deiner Gedanken bringen.

Das Ewig-Neue kommt aus der Sphäre des ewigen Kindes, das, zeitlos, rein und unbelastet, in schöpferischem Spiel die Welt gestaltet.

Willst du teilhaben an diesem Spiel, so übe nur das: gegenwärtig sein.

Wie du dein Herz überlistest

Du labst dich an Bildern aus der Vergangenheit und sagst: ›Das war schön; das will ich wieder haben‹. Und weil es Sehnsucht weckt und so schön schmerzt, denkst du, das sei der Wunsch deines Herzens.

Tatsächlich aber steckt Angst hinter deiner Nostalgie; Angst, das Leben könnte dir nie wieder so etwas Schönes bringen wie das, was du einmal erlebt hast; und damit du am Ende nicht mit leeren Händen dastehst, klammerst du dich an das Gute, das du schon kennst.

Törichtes Kind! Die Vergangenheit, die du liebst, ist Teil von dir geworden; auf ewig dein. Niemand kann sie dir nehmen. Deine Erinnerungen im Kopf herumzuwälzen ist so, als würdest du deine Exkremente verzehren, anstatt dir neue und frische Nahrung zuzuführen!

Denn unendlich ist die Fülle an neuer und frischer Nahrung, die das Universum, der sich stetig erneuernde Leib der Allmutter, für dich bereithält.

Zukunft

Was die Zukunft für dich bereithält, ist ein Geheimnis. Niemand weiß es; auch die Götter der Zukunft wissen es nicht mit Sicherheit.

Unbedingt wissen zu wollen, was es wohl sein mag, ist so ähnlich, als würdest du all dein Bemühen bei Tisch darauf richten, herauszufinden, was man dir am morgigen Tag servieren wird, anstatt das zu würdigen, was du jetzt gerade vor dir hast.

Aber es geht noch weiter: Aus den Nährstoffen, die du jetzt gerade zu dir nimmst, aus der Freude an Geschmack und Geruch dieses gegenwärtigen Mahls bereitet sich das, was du morgen sein wirst. Ißt du ohne Aufmerksamkeit, so wirst du nur wenig von dem, was die Mahlzeit dir bietet, verwerten. Ißt du jedoch aufmerksam und mit Genuß, so wird jedes einzelne Element, das diese Mahlzeit enthält und das dir von Nutzen ist, den richtigen Platz in deinem Innern finden. Deshalb wirst du, wenn du die Gegenwart aufmerksam, achtsam und mit allen Sinnen in dich aufnimmst, morgen ein anderer sein, als wenn du dich achtlos oder geistesabwesend verhältst – und mit dir wird dein Schicksal ein anderes sein.

Träume von einer besseren Zukunft

Träume von einer besseren Zukunft hindern dich daran, das Gute in der Gegenwart zu erleben. Finde lieber die Träume, die auf dem Grunde deiner Seele darauf warten, im gegenwärtigen Augenblick an die Oberfläche zu gelangen – das Bild, das jetzt gemalt werden, das Wort, das jetzt gesagt werden, der Ton, der jetzt gesungen werden will!

Die bessere Zukunft ist die Verheißung hinter der Gegenwart; eine Verheißung, die sich in dem Maße erfüllt, in dem du die Gegenwart erfüllst.

Das Fremde und das Eigene

Das Fremde in dir und um dich ist dazu da, das Eigene zu bereichern und zu verstärken. Verdrängt es das Eigene, so bewirkt es Krankheit oder Tod.

Dein Eigenes will in dir gelebt sein und nicht das Fremde. Laß deine Tonart, deine Melodie und deinen Rhythmus dein Leben, Denken und Fühlen bestimmen. Andere Stimmen müssen sich der deinen unterordnen im Konzert deines Lebens; in ihren spielst du die zweite Geige.

Erneuere, wenn du dich von Fremdem überschwemmt fühlst, deine Wurzeln; nicht deine irdischen Wurzeln, sondern die himmlischen. Suche die geistige oder physische Nähe deiner Seelengefährten, seien es lebende Freunde oder längst verstorbene Menschen, Künstler beispielsweise, die du nie gekannt hast, deren Werke dich aber an die Heimat deiner Seele erinnern.

Und begib dich in die Natur. Reinige Körper und Geist durch Wind und Sonne, Erde und Wasser, lausche dem Wind, teile das Schweigen des Waldes, den Frieden der Bäume und die Freude der Vögel.

Nichts kann dich so schnell, so tief, so heilsam von allem lösen, was deiner Seele fremd und hinderlich ist, wie die Berührung der Natur.

Vergleichen

Vergleichen ist die Quelle vielen Unheils. Mancher Arme wäre nicht arm, würde er sich nicht und würde ihn nicht die Mitwelt mit Reicheren vergleichen. Du wärst nicht unglücklich in einer Situation, würdest du sie nicht vergleichen mit anderen Situationen. Vergleichen sperrt die Unendlichkeit der Gegenwart in den engen Kasten deiner Vorurteile; vergleichen nimmt dem Neuen seinen Glanz und dem Schönen seine Unschuld. Vergleichen vergiftet sogar das Gute, das du, vergleichend, über Schlechteres stellst: indem es nicht um seiner selbst willen geschätzt wird, sondern weil es besser ist als irgend etwas anderes.

Willst du den Schlüssel zu Glück und Zufriedenheit? Höre auf zu vergleichen.

Du bist es gewohnt? Du kannst nicht anders? Vergleiche drängen sich einfach auf? Das ist die Prägung deines Verstandes, und innerhalb des Machtbereichs deines Verstandes ist es schwer, sich ihr zu entziehen.

Verlagerst du aber den Schwerpunkt deines Denkens und Fühlens in dein Herz und betrachtest die Dinge mit den Augen des Herzens, so ist es kein Problem, das Vergleichen aufzugeben. Das Herz kennt nur Neues; und das Neue ist ihm tief vertraut, sobald es sich ihm öffnet.

Besseres und Schlechteres aber kennt es nicht.

Sich lösen von Vergangenem

Wenn du den ernsthaften Wunsch hast, dich von Vergangenem zu lösen, mußt du etwas opfern.

Du mußt den Vorteil opfern, der dir daraus erwächst, daß du an Vergangenem festhältst.

Du mußt ihn aufgeben und wissen, was genau es ist, das du aufgibst. Es reicht nicht, dich hinzusetzen, eine Kerze anzuzünden und zu sagen: »Hiermit gebe ich dich auf.« Du mußt wirklich darauf verzichten.

Meist steckt Angst dahinter, wenn ein Mensch lieber an Vergangenem festhält, als sich neuen Herausforderungen zu stellen. Die Angst muß aufgespürt werden (wovor genau hast du Angst? Wo sitzt die Angst?) und als Realität erfahren und angenommen, bevor du deinen Vorteil zu opfern in der Lage bist.

Sobald du deiner Angst gewahr geworden bist und sie ins Herz geschlossen hast, kannst du beginnen, dich zu lösen. Stelle dir vor, wie es wäre, auf den Vorteil, den das Festhalten an Vergangenem dir gebracht hat, bereits verzichtet zu haben. Stelle dir vor, du wärst bereits frei. Wie fühlst du dich? Bevor du dann in Angst und Entsetzen das losgelassene Vergangene schnell wieder an dich drückst, halte einen Augenblick inne und wende deiner Angst und deinem Entsetzen deine ganze Aufmerksamkeit zu. Umarme sie mit der Liebe und dem Erbarmen deines Herzens und finde Frieden, indem du dich in deine eigene tröstende und heilende Gegenwart zurückziehst. Verzichte darauf, weiter zu gehen.

Du wirst sehen: Die Lösung geschieht von selbst.

Von den Meistern und Heiligen

Meister und Heilige, Propheten, spirituelle Lehrer und Führer der Menschheit begleiten deinen Werdegang, inspirieren und schützen dich. Per Affinität bist du mit diesem oder jenen aus diesen höheren Welten mehr oder weniger verbunden; Affinität der Seele, nicht des Gemüts.

Ihr Einfluß wird immer dann spürbar für dich, wenn die Kurve deiner geistigen Entwicklung Gipfelpunkte erreicht. Diese Gipfelpunkte sind nicht unbedingt Momente, die durch glückliche Erlebnisse ausgelöst werden; sie können ebensogut in der Folge von Schmerz, Schock, Trauer auftreten; auch aufgrund von Begegnungen mit der Natur oder mit liebenden und hochgestimmten Wesen.

Aber du brauchst diese Auslöser nicht, um dich zu den Höhen des Seins aufzuschwingen; du hast genügend Anlässe dieser Art erlebt, um den Weg nach oben alleine zu finden. Versenke dich nur in die Stille deiner eigenen Gegenwart; befreie dich von den Lasten, die dich am Boden halten, durch aufrichtiges Gebet, und dann rufe sie herbei, die Meister, Heiligen, Engel und Propheten, denen dein Herz sich verbunden fühlt, und lasse dich auf den Schwingen ihrer Kraft und ihrer Liebe in die lichten Regionen deiner unsterblichen Seele tragen.

Stille, Frieden und ein reines Gemüt – rein bedeutet frei von belastenden Gedanken – reichen aus, um ergriffen und erhoben zu werden.

Inspiration

Suchst du Inspiration für ein Werk welcher Art auch immer, so wecke zuerst in dir die Motive, die dein Herz bewegen, dieses Werk schaffen zu wollen. Öffne dein Herz weit der Sehnsucht, die sich in diesen Motiven manifestiert, und überlasse dich ihr.

Vollkommen offen und leer, frei von Vorstellungen und frei von Absicht muß dein Geist sein und das Herz von Sehnsucht erfüllt, wenn die Inspiration dich finden und führen soll.

Der Klang

Der Klang deiner Seele durchzieht dein Leben, ohne daß du es merkst. So vertraut ist er dir, so selbstverständlich, daß du ihn nicht wahrnimmst.

Und doch ist es wichtig, ihm von Zeit zu Zeit zu lauschen; sonst gerätst du in Disharmonie mit deinem eigenen Klang, weil du die Melodien anderer singst und in ihrem Rhythmus lebst statt in deinem eigenen.

Willst du dem Klang deiner Seele lauschen, so bringe alle Stimmen in dir zum Schweigen und versenke dich still und tief in deine eigene Gegenwart. Öffne dein Herz den tiefinnersten Bestrebungen, die dich tragen, der Sehnsucht deines innersten Wesens.

Den Klang deiner Seele kannst du nicht mit den Ohren hören; es ist der Schwingungszustand, in dem du ruhst, wenn du eins bist mit dir.

Musik

Musik ist die höchste, weil unmittelbarste Ausdrucksform der Seele. Große Komponisten schöpfen aus einer Sphäre, die weit über der irdischen, ja über der Sphäre ihrer eigenen Seele liegt; aus archetypischen Gefilden; Seelen-Welten; Himmelssphären; aus Zuständen und Bewegungen der Weltseele.

172

Du selbst hast Anteil an Musik, ob du musikalisch bist oder nicht. Rhythmus, Stimmung und Höhe deines Denkens und Fühlens sind Musik ebenso wie Atem und Herzschlag und das Kreisen der Flüssigkeiten in deinem Körper, dein Sprechen, dein Gang, deine Gestalt.

Du bist fleischgewordene Musik, geschaffen aus der Sehnsucht des großen Komponisten, der die Welten schuf.

Wenn du Musiker bist, so kannst du etwas von dem, was du bist, in hörbaren Klang verwandeln, oder aber etwas von der Welt, wie du sie wahrnimmst; oder du kannst ein Instrument sein, auf dem deine Seele das Neue, das sie bei jedem Eintauchen in ihre Heimat empfängt, in den Klängen dieser Welt zum Ausdruck bringt.

Heil sein

Das Heilsein, nach dem ihr alle euch sehnt, erwächst aus Liebe und Annahme. Es ist der ursprüngliche Zustand und zugleich die ewige, allem zugrundeliegende Wirklichkeit. Das Gefühl des Unheils oder des Nicht-heil-Seins erwächst aus dem Aufteilen. Wenn du dich selber in Teile zerlegst und einige dieser Teile annimmst, andere ablehnst, fühlst du dich unheil. Wenn du alles, das du bist, fühlst und tust, annimmst und ehrst, fühlst du dich heil. Wenn du dich in der Gegenwart eines Menschen befindest, der dich in deinem gesamten Sosein annimmt, fühlst du dich ebenfalls heil. Das ist nicht dasselbe, wie unkritisch bewundert zu werden von einer Person, die dich nicht kennt und nicht durchschaut.

Wenn dein gesamtes Sein Platz hat in deinem Herzen, mit anderen Worten: wenn du eins bist mit dir, so fühlst du dich heil; bist du uneins, fühlst du dich unheil.

Deine Lebensumstände gehören in ähnlicher Weise zu dir wie dein Körper. Sie sind deine Gestaltung, dein Spielfeld und zugleich dein Ausdruck und Spiegel. Bist du uneins mit dem Leben, das du führst, mit deinem Schicksal, deinen Beziehungen, so fühlst du dich unheil. Bist du eins mit alledem, fühlst du dich heil.

Eins sein bedeutet eins sein – nicht zwei, sondern eins. Es hat nichts damit zu tun, etwas als gut zu beurteilen oder angenehm zu finden. Du kannst durchaus Schmerz oder Wut empfinden und eins sein mit diesen Empfindungen; dann fühlst du dich heil.

Eins sein mit deiner Wut ist nicht dasselbe, wie dich im Recht zu fühlen. Dich im Recht zu fühlen, ist eine Position vermeintlicher Stärke, die du einnimmst, um nicht Schwäche zeigen zu müssen; mit anderen Worten, sie tarnt deine Angst, dein Schuldgefühl oder deine Ohnmacht. Nein, eins zu sein mit deiner Wut, heißt, sie zu fühlen und ihr weder etwas entgegenzusetzen noch sich von ihr zu trennen, indem du sie beurteilst als etwas, was nicht gut, nicht edel, nicht weise, was zu unterdrücken, zu überwinden, zu verwandeln sei.

Wenn du wütend bist und eins mit deiner Wut, dann ist Wut einfach deine momentane Realität. Wenn du dich nicht von dir selber entfernst, wenn du deine Aufmerksamkeit und Energie bei dir selber beläßt anstatt bei dem Objekt deiner Wut, und wenn du deine Wut weder unterdrückst noch bekämpfst, nur erlebst, bist du eins mit ihr, eins mit deiner momentanen inneren Realität, eins mit dir. Dann bist du und empfindest dich als heil. Und deine Wut wird weder dich krankmachen noch irgend etwas oder irgendjemanden angreifen oder zerstören.

Wenn du eins bist mit deinem Schicksal, dann bedeutet das nicht, daß du es als etwas beurteilst, das gut oder angenehm sei; es bedeutet, daß du dich nicht von ihm trennst, sondern es begreifst und annimmst als etwas, das zu dir gehört, das Teil von dir ist; sozusagen eine Emanation deiner selbst.

Klarheit

So wie Klarheit am Himmel daher rührt, daß keine Wolken und Nebelschleier die Sicht trüben und den Körper der Sonne vor den Augen verbergen, so bedeutet Klarheit des Geistes, daß keine Gedankenzusammenballungen die klare Sicht auf die Sonne der Intelligenz versperren.

Willst du diese Klarheit erreichen, so übe dich darin, konstruktiv und schöpferisch mit deinem Denken umzugehen. Der erste Schritt dazu besteht darin, stets aufs Neue zu beobachten, womit sich deine Gedanken beschäftigen und auf welche Weise sie sich damit beschäftigen. Als nächstes mußt du den Gedanken auf den Grund gehen und die sich in ihnen zeigenden Gefühle aufspüren. Und schließlich die einfache Wahrheit deines Herzens, die all diesem Denken und Fühlen zugrunde liegt, freilegen. Diese Wahrheit deines Herzens mündet letztlich in einen Wunsch, eine Sehnsucht, die du auf schöpferische Weise in Handeln umsetzen kannst, indem du die innere Realität dieses Wunsches – den Wunsch hinter dem Wunsch, die eigentliche

Sehnsucht – in deinem Herzen fühlst, dieses Fühlen in ein Bittgebet verwandelst und dann das deinige dazutust, daß der Wunsch sich erfüllen kann.

So befreist du den Himmel deines Geistes von Wolken, die das klare Licht der Intelligenz trüben.

Gehst du auf diese Weise mit allen auftauchenden Gedankenzusammenballungen vor, so hältst du deinen Geist klar und rein.

Das gleiche gilt für die Klarheit des Herzens. Klar kann ein Herz genannt werden, das nicht von Gefühlswolken verdunkelt wird; mit diesen Zusammenballungen von Emotionen kannst du ebenso umgehen, wie eben im Feld der Gedanken beschrieben.

Verschmutzung

Deine körperliche und geistige Innenwelt muß saubergehalten werden ebenso wie die Oberfläche und die Umgebung deines Körpers.

Zu diesem Zweck mußt du regelmäßig dafür sorgen, daß Abfallprodukte deiner psychischen und geistigen Prozesse aus deinem Denken und Fühlen entfernt werden, nachdem du die verwertbaren Elemente deinem Wesen einverleibt hast.

Du mußt dafür sorgen, daß dein Denken und Fühlen von allem Gift gereinigt wird. Gift sind nicht die negativen Emotionen wie Ärger, Zorn, Wut, Trauer oder Resignation an sich; diese Emotionen werden erst Gift, wenn sie über den Augenblick, da sie aktuell und an ihrem berechtigten Platz waren, festgehalten wurden.

Du hältst sie fest, indem du versuchst, sie zu unterdrücken, oder dich weigerst, sie bewußt und vollständig zu fühlen und, wenn nötig, zum Ausdruck zu bringen.

Wenn du viele unverdaute und unausgedrückte Gefühle in dir beherbergst, dann ist es Zeit für einen Großputz. Du bewerkstelligst ihn, indem du alle in dir vorhandenen, nicht mehr aktuellen und doch dein Bewußtsein belagernden Gefühle eins nach dem anderen in dein Bewußtsein bringst, mit Hilfe deines Atems zu ihrer vollen Kraft und Größe aufbläst, verstehend und erbarmend ins Herz schließt und dein Bewußtsein und deinen Körper anschließend mit einem tiefen Seufzer von ihnen befreist.

Was die Reihenfolge anbelangt, so kannst du dabei nach Themen vorgehen – zum Beispiel indem du dir alle Gefühle, die zum Thema Ehe in dir existieren, vornimmst, dann alle Gefühle zum nächsten Thema und so fort –, oder du gehst einfach alle dir bekannten Gefühle durch und prüfst, welche von ihnen in dir festgehalten werden. Deine Reinigungsarbeit beginne mit demjenigen Gefühl, das im Vordergrund deiner Wahrnehmung steht, das heißt, mit dem du am leichtesten in Berührung kommst.

Ein solcher Großputz kann, je nachdem, wieviele Schichten eingelagerter Gefühle in dir vorhanden sind und wieviele bereit sind, zu dieser Zeit zum Vorschein zu kommen, Stunde, Tage oder Wochen dauern.

All jenen Gefühlen, die nach dem Großputz immer noch nach Ausdruck verlangen, verleihe Ausdruck, im richtigen Augenblick und an der richtigen Adresse. Welches die richtige Adresse und der richtige Augenblick ist, sagt dir dein Herz.

Die Art der Weisen

Die Art der Weisen besteht nicht darin, weise zu sein und ihre Weisheit zu zeigen; sie besteht darin, weise zu sein und dasjenige Verhalten an den Tag zu legen, das der Wahrheit und damit der Liebe am dienlichsten ist.

Die Art der Weisen besteht darin, fest im Herzen gegründet zu bleiben, auch wenn die Welt um sie herum noch so stürmisch ist und Beziehungen, Umstände und das Verhalten der Mitmenschen ihnen noch so große Schwierigkeiten bereiten.

Der Weise hält sein Herz offen und schützt es zugleich; er schützt es, indem er seine Gefühle achtet und ihnen im richtigen Augenblick angemessenen Ausdruck verleiht. Er hält es offen, indem er sich immer und unter allen Umständen bereit hält, die Wahrheit mit offenen Armen aufzunehmen; wessen Wahrheit es auch sein mag und wie sehr sie ihn auch schmerzen mag.

Der Weise enthält sich einer zornigen Äußerung niemals aus Angst oder aus Schwäche; sondern nur, wenn sein Einblick in die menschliche Natur es ihm gebietet, sich zurückzuhalten.

Der Weise weiß, daß er immer und überall Schüler ist; nicht um andere zu belehren, ist er gekommen, sondern um zu lernen. So ist sein erstes Anliegen in einem Gespräch oder einer Auseinandersetzung nicht das, seinen Standpunkt zu vertreten, sondern das, was im Innern des anderen vor sich geht, kennenzulernen und etwas zu erfahren über eine andere Art, zu denken, zu fühlen und zu sein.

Fühlt sich der Weise gekränkt, herabgewürdigt oder angegriffen, so steht er nicht ob seiner Weisheit über seinen Gefühlen, sondern demütig nimmt er sie an, bereit, von ihnen zu lernen.

Die Art des Weisen ist nicht die Art des Narren, aber seinen Mitmenschen erscheint er oft wie ein Narr. Bemüht sich der Weise, sein Gesicht als Weiser zu wahren, so ist er ein Narr. Nimmt er es aber gelassen hin, als Narr betrachtet zu werden, und akzeptiert ferner seine tatsächliche Narrheit in Demut, so ist er ein Weiser.

Die Art des Heiligen

Die Art des Heiligen besteht darin, immer und unter allen Umständen seinem allerhöchsten Ideal zu dienen; dem Ideal seines Herzens, dem *Geliebten*, der in seinem Herzen wohnt. Was die Welt als heilig betrachtet, ist nicht dasselbe wie das, was der Heilige als heilig betrachtet. Die Welt betrachtet bestimmte Schriften, Worte, Plätze, Gebäude, Sitten und Riten als heilig. Für den Heiligen ist nur der *Geliebte* heilig; und den *Geliebten* sieht er überall; in jedem Wesen, jedem Atom. Deshalb sind ihm nicht besondere Dinge heilig und andere unheilig, sondern er sieht das Heilige in allem und den *Geliebten* im Herzen aller.

Wenn du das Heilige suchst, dann schaue immer zuerst ins Herz. Begib dich in die Gesellschaft von Menschen, die in die Herzen schauen können, und entwickle die Art der Weisen, indem du ihnen zuhörst und von ihnen lernst.

Bemühe dich unter keinen Umständen darum, heilig zu werden; bemühe dich darum, dir selbst und jedem, der dir begegnet, ins Herz zu schauen. Du mußt die

179

Wahrheit finden, bevor du die Liebe finden kannst; und die Liebe, bevor du das Heilige findest.

All dies findest du im Herzen.

Hochzeit halten

Halte Hochzeit mit deiner Seele, wenn du an der Feier des Lebens teilhaben willst, anstatt mit säuerlich-resignierter Miene abseits zu stehen!

Versammle um dich alle Werte, Tätigkeiten, Wesen, Kunstwerke, Erinnerungen, Natureindrücke, Bilder oder Melodien, die je in dir die Erinnerung an deine Seele geweckt haben: Das sind die Gäste, die du zu deiner Hochzeit einlädst. Benenne sie alle und weise ihnen ihren Platz zu.

Kleide dich sorgfältig an und laß jedes Kleidungsstück Symbol für eine Rolle sein, die du spielst. Nicht auf Schönheit sollst du dabei achten oder harmonische Zusammenstellung, sondern darauf, daß jede Rolle, die du in deinem Leben spielst, von einem Kleidungsstück repräsentiert wird.

Zünde Kerzen an, eine farbige für jeden Menschen deiner leiblichen Familie, der für dich eine wichtige Rolle spielt oder gespielt hat; Mutter, Vater und so fort.

Stelle eine weiße Kerze in die Mitte und zünde sie an; ihr Licht repräsentiert das Licht deiner Seele.

Lege deine Kleidung dann langsam ab und mit ihr deine Rollen, Schicht um Schicht befreie dich von ihnen.

Hülle dich in ein Tuch, ein Gewand, einen Umhang oder ein Kleid, das du noch nie getragen hast.

Und dann lade deine Seele ein.

Klage zuerst dein Leid; wecke die Sehnsucht nach deiner Seele in dir und drücke sie aus, in Worten, Gesten oder Tönen; sprich laut aus, wodurch und auf welche Weise du sie verrätst und immer verraten hast; bitte deine Seele um Vergebung und vergib dir selbst.

Wenn all das ausgesprochen ist, verweile nicht länger beim Klagen und Jammern; betrachte dich als gereinigt und frei von Schuld und Vergangenheit. Beruhige deinen Geist und vertiefe dich in die Stille. Lausche deinem Atem, vertiefe die Stille mit jedem Atemzug. So machst du dich bereit, deine Seele zu empfangen.

Wenn sie mit Tränen und Seufzern Einzug hält in dein Herz, so halte ganz still, bis Tränen und Seufzer vorüber sind.

Gelobe deiner Seele, ihr treu zu sein. Frage sie, welches Versprechen sie von dir wünscht, und gib es ihr. Dann sei ganz still, um das Versprechen zu empfangen, das deine Seele dir gibt.

Nimm einen Ring, den du eigens für diese Hochzeit hergestellt oder beschafft hast, und stecke ihn an den Finger zum Zeichen deiner Verbindung mit deiner Seele.

Spiele Musik und tanze; feiere mit deinen Gästen; verzehre ein üppiges Hochzeitsmahl. Und vergiß nicht, dein inneres Kind teilhaben zu lassen an dem Fest.

Dann verabschiede dich von deinen Gästen und lösche die Kerzen. Bitte deine Seele, dich in den Träumen der Nacht zu begleiten; und wenn du am Morgen erwachst, lade sie ein, den Tag mit dir zu verbringen.

Was mußt du opfern, damit deine Seele leben kann? Opfere es freudigen Herzens, indem du es in Liebe annimmst und dann weitergehst auf dem Weg, den deine Seele dir weist.

Was mußt du suchen, damit deine Seele leben kann? Suche es mit aller Intensität und gib nicht auf, bis du es gefunden hast.

Was liebst du mehr als alles andere? Was ersehnst du mehr als alles andere? Was berührt dich mehr als alles andere? Was löst in dir das Gefühl aus, heimgekehrt zu sein? Was weckt Größe in dir und Andacht, Ehrfurcht und Jubel und Schmerz zugleich?

Dort findest du deine Seele.

Das Herz und die Seele

Die Seele liegt außerhalb der Reichweite deines alltäglichen Bewußtseins. Ihre Bestrebungen, Stimmungen und Absichten nimmst du in deinem Herzen wahr.

Die Seele träumt; ihre Träume entstehen aus ihrer Sehnsucht. Sie träumt, wonach sie sich sehnt; und indem sie es träumt, nimmt es Gestalt an und wird eine Realität, und die Seele verliert sich in ihr.

Mit jedem Traum, den die Seele träumt, erwacht ein Teil von ihr aus dem Schlummer und tritt ans Licht des Bewußtseins.

So ist das Erwachen der Seele nicht das Verlöschen des Traums, sondern die Entdeckung ihrer selbst, das Staunen über die Möglichkeiten, die in ihr verborgen lagen und nun zutagetreten, und die Freude an ihrer Verwirklichung.

Die Seele verhält sich zum Herzen so wie der Bogen zur Geige; und der *Geliebte* ist es, der den Bogen führt.

Der Weg zum Geliebten

Der Geliebte, den du suchst, wohnt in dir, aber du nimmst es nicht wahr. Du fühlst ihn nicht, du siehst ihn nicht, du kannst ihn nicht berühren; deshalb denkst du, er sei fern von dir.

Der Geliebte, den du suchst, trägt vielleicht die Züge eines bestimmten Menschen. Vielleicht hast du den Gefährten deiner Seele getroffen und sehnst dich danach, dich mit ihm zu vereinigen; und er (oder sie) ist der *Geliebte* für dich.

Du sehnst dich nach diesem Gefährten, und so sehr du dich auch bemühst, den wahren *Geliebten* zu lieben, der in allen Herzen wohnt, deine Liebe gilt doch diesem einen; diesem einen gilt deine Sehnsucht, und diesen einen betest du an.

Verleugne niemals dein Herz! Wenn der *Geliebte* sich dir in den Zügen eines bestimmten Menschen zeigt und nicht in anderen, so ist genau dies das Wunder deines Lebens und der Liebe, die sich in dir manifestiert. Nimm es an! Du bist frei! Du hast die Freiheit, nach dem Entschluß deines Herzens dich mit allen Fasern an einen Menschen zu binden, den du liebst.

Folge den Wegen der Liebe, auch wenn du nicht weißt, wohin sie führen. Nimm die Liebe an, die in deinem Herzen bereits existiert – anstatt zu versuchen, eine andere Liebe in dir zu züchten, die dir spiritueller erscheint.

Die Liebe ist dein Lehrer. Folge ihr, wohin sie dich auch führen mag, und laß dich belehren!

Das ist der Weg, der dich zum *Geliebten* führt.

Annehmen

Durch Annehmen wirst du frei. Was das Schicksal dir gibt: Nimm es an; nimm das Geschenk, das darin enthalten ist, in Dankbarkeit an. Dann bist du frei, weiterzugehen.

Wenn du dich loslösen möchtest von was auch immer: Erst nimm es an in Dankbarkeit, dann löse dich.

Nimm es vollständig an, das ganze Geschenk; nimm es auf in dein Herz, danke Tag für Tag dafür, solange es währt. Und wenn die Zeit gekommen ist, dich zu lösen, so löse dich vollständig. Schaue dich nicht um. Es gibt keinen Weg zurück. Das ist der Lauf des Lebens.

Das Wahre ist ewig; das Vergängliche unwahr.

Fließe mit dem Vergänglichen, und du bist eins mit dem Ewigen.

Der Sehnsucht leben

Deine Sehnsucht ist wie ein Gesang, der das Herz des *Geliebten* berührt. Je mehr du nach ihm rufst, je wahrer und reiner dein Gesang wird, desto stärker berührt er sein Herz, bis der Geliebte nicht mehr anders kann, als sich dir zu ergeben.

Lebst du deiner Sehnsucht, so lebst du im Einklang mit deiner Seele.

Wonach du dich auch sehnst: Verleugne es nicht, unterdrücke es nicht und beschönige es nicht. Lebe deiner Sehnsucht mit ganzer Kraft. Doch vergiß niemals das Ziel aller Sehnsucht, die wahre Verheißung hinter allem, wonach du dich sehnst: den Geliebten selbst. Er allein kann dir Erfüllung geben.

Richte all dein Bitten und all dein Verlangen auf ihn; umschließe mit deinem Gebet das Konkrete, nach dem du dich sehnst. Bitte um alles, was du dir wünschst, doch erbitte es von ihm.

Sehnst du dich nach dem Geliebten selbst, so höre nicht auf, nach ihm zu rufen.

In Wahrheit ist es er, der dein Herz geweckt hat; es ist sein Ruf, den du hörst, und deine Sehnsucht antwortet auf ihn.

Verheißung

Verheißung ist ein Wink des *Geliebten*. Wenn du Verheißung spürst in einer Begegnung, einer Berührung, einem Augenblick, so weißt du, der *Geliebte* ist nah.

Du findest ihn nicht, indem du Wiederholung des verheißungsvollen Augenblicks suchst; du findest ihn, indem du im Augenblick der Verheißung innehältst und der Gegenwart des *Geliebten* gewahr wirst.

Die Verheißung weist nicht in die Zukunft; sie weist tiefer in die Gegenwart hinein.

Berührung

Laß dich berühren, berühren, berühren! Das ist das ganze Geheimnis. Halte dein Herz offen, was es auch koste, und laß dich berühren – vom Schmerz und von der Freude, der eigenen und der fremden, von Schönheit und Staunen, von Augenblicken der Wahrheit, des Friedens, von Zorn und von Zärtlichkeit.

Das Herz, das sich berühren läßt, bleibt lebendig; der Wahrheit, dem Wachstum, der Liebe geöffnet.

In der Offenheit findest du Frieden; Freude, und Sicherheit.

Im Verschlossensein Angst und Unerfülltheit.

Wähle!

Gerechtigkeit

Das Universum ist nicht gerecht. Es ist viel mehr als gerecht: Es ist Liebe. Liebe ist die Kraft, die alles antreibt, alles bewegt, alles bewirkt und allem zugrunde liegt. Alles existiert aus Liebe, alles stirbt aus Liebe, leidet aus Liebe und freut sich aus Liebe.

Solange die Liebe nicht dein ganzes Bewußtsein füllt, mußt du dich an die Gesetze der Gerechtigkeit halten. Sie sind der Statthalter der Liebe.

Zieht aber der König ein, die Liebe selbst, so wird der Statthalter seiner Regentschaft enthoben.

Wenn der verlorene Sohn heimkehrt ins Reich der Liebe, so muß er für seine Sünden weder büßen noch zahlen; die Liebe lehrt ihn alles, was er wissen muß, und in dem Augenblick, da er sich in ihre Arme wirft, öffnen sich die Schleusen seines Herzens, und Schuld und Not, Angst und Pein, Reue und Bußfertigkeit werden vom Strom der Liebe davongetragen.

Aus Liebe kehrt er zurück in die Welt; aus Liebe wird er geben, soviel er geben kann; nicht aus Reue.

Leichtigkeit

Suchst du der Schwere zu entgehen, um in Leichtigkeit zu leben, so lebst du zwar leicht, aber leer; und aus Leere wird Schwermut, aus Schwermut Schwere.

Suchst du die Schwere und hältst an ihr fest, so bleibst du schwer, und alles, was leicht sein könnte, wird schwer.

Mit schweren Gewichten mußt du deine Muskeln trainieren, damit sie Schweres mit Lust und Leichtigkeit bewältigen.

Mitsamt deiner Schwere bewege dich fort; tanze mit allen Pfunden deines erdschweren Gemüts, mit allem Gewicht deiner Trauer und deiner Sorgen, deines Kummers und deiner Schuld den Tanz der Liebe, des Lebens und der Lust, dann erhebst du dich in die Gefilde der Ekstase jenseits von Schwere und Leichtigkeit und hast teil an der Feier des wahren, des vollen Lebens.

Lebe! Leid und Freude, Schwere und Leichtigkeit, Liebe, Sehnsucht und Leidenschaft: Laß sie leben in dir! Laß Langeweile und Leere, die großen Lügen, brennen in der Glut deiner Liebe!

Sage niemals, daß niemand da sei, den du lieben könntest, daß du allein und von allen guten Geistern verlassen seiest; das ist von allen Lügen die größte. Immer und immer ist Leben in dir und um dich, das deiner Liebe bedarf; überall um dich ist Liebe, die deiner Antwort harrt.

Laß dich wecken, Geliebte, Geliebter, von der Liebe, die darauf wartet, in dir zu neuem Leben zu erwachen, zu neuer Blüte auszutreiben, zu neuer Schönheit zu gelangen! Laß dich wecken von der Liebe wie von einem Windstoß, der durch deine müden Zellen fährt! Halte nichts für Wahrheit, was nicht Liebesrausch ist – der stille Rausch der demütigen Liebe, der brausende Rausch der Leidenschaft oder der erhebende Rausch der Freiheit. Füllst du deine Lungen mit Freiheit, und die Freiheit bebt in deiner Brust und tanzt in deinen Adern, so bist du im Rausch der Liebe des Allerhöchsten, im Rausch der Seele, die ihr eigenes Reich betritt.

Sei frei aus Liebe zum Allerhöchsten, der in deinem Herzen seine Neugeburt feiert in jedem Augenblick – und binde dich aus Liebe zum Allerkleinsten, in dem der Atem des Geliebten weht und das deiner Treue und Beständigkeit bedarf.

Sei! Sei, was du bist, und du wirst das Schönste, das du werden kannst.

Und sei es ganz!

Positiv denken

Denke positiv; denke negativ; es ist einerlei. Nicht dein Denken bestimmt dein Glück, sondern dein Herz.

Nicht was du dich zu denken bemühst, entscheidet über deine Realität, sondern was du in Wahrheit denkst.

Was du in Wahrheit denkst – unwillkürlich –, folgt deinem Herzen. Ist dein Herz verschlossen, so sind deine Gedanken trennend, abweisend, wertend, kalt. Ist dein Herz offen, so sind deine Gedanken warm, lebendig, wandelbar.

Wenn du wahrhaft positiv denken möchtest, so übe dich nicht im Zurechtbiegen deiner Gedanken, sondern darin, dein Herz zu öffnen. Nur das verwandelt.

Zwar können Worte, die du liest oder hörst und die der Wahrheit eines erkennenden Herzens entspringen, dein Denken verwandeln, indem sie dein Herz berühren und der Wahrheit öffnen. Dein Bemühen, positive Gedanken an die Stelle negativer zu setzen, kann jedoch deine innere Realität nicht verändern; es sei denn, dieses Bemühen entspringt deinem Herzen und es ist Liebe, die dich bewegt, dein Denken zu verändern.

Du brauchst dich nicht in der schwer zu beherrschenden Welt der Gedanken abzuplagen, wenn du weißt, daß die wahre Veränderung in der unendlich einfachen Wirklichkeit des Herzens geschieht.

Anstatt dein Denken zu verändern, beobachte es; betrachte es ruhig und freundlich, doch fechte keine Kämpfe aus mit Gedankengespenstern. Halte nur dein Herz offen, um die Wahrheit des jeweiligen Augenblicks mit deinem ganzen Sein zu berühren und dich von ihr berühren zu lassen. Das ist positives Sein; alles willkommen heißend, alles umschließend, alles verstehend und nichts und niemanden ausklammernd. Selbst Gegner, die du in ihre Schranken weisen oder schachmatt setzen mußt: So hart deine Gesten auch sein mögen, dein Herz halte weich.

So wirst du eins mit dem Positiven jenseits von positiv und negativ und ruhst in der Fülle des Seins. Und obwohl alles dich berührt, kann nichts dich verletzen.

Einklang

Einklang der Seelen ist das Schönste, was ein Mensch in der menschlichen Liebe erleben kann. Einklang der Seelen muß nicht immer, wie bei eng verbundenen Seelengeschwistern, grundsätzlich und beständig vorhanden sein. Zwei Seelen können auch für

Augenblicke im Einklang schwingen, und diese Augenblicke sind voll stiller Verzückung.

Wie finden zwei Menschen zu diesem Einklang?

Man kann ihn nicht bewirken. Es ist Ergebnis von Gnade, nicht von Bemühung.

Aber es gibt eine Bemühung, die der Gnade Tür und Tor öffnet; es ist das Bemühen um das behutsame und beharrliche Öffnen des Herzens.

Ist dein Herz deinem Freund geöffnet, so weißt du, wann er bereit ist, dich anzuhören und wann nicht; und ist dein Herz dir selber geöffnet, so weißt du, wann du reden mußt und wann nicht. Und wenn diese beiden, das Bedürfnis auf der einen und die Bereitschaft auf der anderen Seite, zusammentreffen, könnt ihr miteinander sogar über die schwierigsten Dinge sprechen, ohne in Streit und Mißstimmung zu geraten.

Wenn du auf diese Weise auf die Stimme deines Herzens achtest, wirst du sparsamer mit Sprechen, sparsamer mit Lärm und Streit, offener für die Wahrheit, und so machst du dich bereit, die Gnade des Einklangs zu empfangen.

Diese Übung ermöglicht jeder Beziehung Augenblicke tiefen Glücks.

Triffst du jedoch einen engen Verwandten deiner Seele, und tiefer Einklang durchzieht euer Beisammensein in jedem Augenblick – Einklang, der sich nicht in gleichen Ansichten oder sonstigen oberflächlichen Ähnlichkeiten niederschlagen muß –, so fülle dein Herz mit dem Glück dieser kostbaren Begegnungen. Trachte nicht danach, den Gefährten an dich zu binden. Laß den Einklang, der zwischen euren Seelen besteht, alles bestimmen: die Wahl der Form, in der ihr einander begegnet, der Umstände eurer Gemeinsamkeit und des richtigen Augenblicks, um über all dies zu entscheiden.

Mag der Sog der Anziehung, mag die Sehnsucht nach dem Gefährten noch so groß sein: Höre immer nur auf den Einklang in der Tiefe, und du wirst immer das Richtige tun.

Geduld

Geduld vervielfacht die Kraft deiner Leidenschaft und deiner Begeisterung (während Ungeduld sie zerstreut oder zerstört). Vorausgesetzt, du hältst Leidenschaft und Begeisterung in deinem Herzen lebendig, während du Geduld übst.

Wanderer

Ein Wanderer bist du. Nicht Welten durchwanderst du, nicht Wege auf diesem Planeten, auch nicht verschiedene Leben; Landschaften deiner Seele sind es, die du durchwanderst.

Die Szenen deines Lebens sind äußere Aspekte einer inneren Realität. Die innerste Dimension dieser Realität ist eine Landschaft deiner Seele. Deine Seele ist ein Universum; geheimnisvoll und sich selber unbekannt. Deine Seele durchwandert sich selbst, und während sie sich erlebt und erforscht, offenbart sie sich; und während sie sich offenbart, verwirklicht sie sich; und während sie sich verwirklicht, erweckt sie sich.

Das ist die Reise deines Lebens.

Andacht

Andacht weckt dich aus der Gleichgültigkeit der Welt auf in die Wirklichkeit, die Zauber und Glanz ist jenseits aller Worte.

Kleine Kinder, in deren Augen tausend Lichter leuchten, leben im Glanz der Wirklichkeit und ihre Träume kommen aus der Wahrheit. Erwachsene, deren Augen stumpf geworden sind von Kenntnis und Erfahrung, leben im Grauschleier der Illusion, und ihre Ernüchterung ist Irrtum.

Zauber und Glanz wohnen im Herzen eines jeden Augenblicks, und Andacht, spontan eintretende oder absichtlich herbeigeführte, erweckt dich zu ihnen.

Lasse nicht zu, ernüchtert zu werden! Ja, du mußt früher oder später deine Illusionen aufgeben, die Illusionen, die du in bezug auf die Glaubwürdigkeit deiner Gedanken und die Beständigkeit deiner Gefühle hegst. Dein Herz aber öffne dem Zauber der Wirklichkeit.

Glanz über Glanz offenbart sich dem, der sehen kann; im Tautropfen, im Sonnenstrahl, im Regenbogen wie im Kieselstein, in der Bewegung des menschlichen Herzens und in der Schönheit, die auf dem Grunde der Seele verborgen liegt.

Zauber

Wenn du unter Entmutigung, Langeweile, Depression oder schlechter Laune leidest, fehlt in deinem Leben der Zauber.

Du mußt nicht die Umstände verändern, um Zauber zu finden; du mußt das Bewußtsein für Zauber in dir wiederbeleben. Als du ein kleines Kind warst, lebtest du in einer Zauberwelt. Diese Zauberwelt gehörte ganz dir, sie war dein Geheimnis, deine heimliche Freude, deine Quelle von Ekstase, Trost und Kraft.

Als du erwachsen wurdest, hast du diese Zauberwelt aufgegeben.

Du kannst sie wiederfinden. Sie wartet jederzeit auf dich. Sie gehört dir allein. Ihren Schlüssel trägst du im Herzen.

Die Zauberwelt ist keine Flucht aus der Realität; sie ist Realität; eine Realität, die das, was du für Wirklichkeit hältst, durchdringt, überlagert und überglänzt. Du glaubst an die Naturgesetze und die Gesetze der Logik; sie regieren, meinst du, die Welt, die du wahrnimmst.

Tatsächlich wird nicht nur die Zauberwelt, sondern auch die Welt, die du mit deinen Sinnen wahrnimmst, von den Gesetzen der Zauberwelt regiert.

Durch Zauber bist du geworden; durch Zauber wirst du wieder verschwinden. Zauber verhext dich, wenn du dich verliebst, und Zauber hält dich im Bann der kollektiven Gedanken gefangen. Wenn du nie genug Geld hast, so steckt Zauber dahinter; der Bann deiner Erziehung, deines geistigen Erbes, deiner Glaubenssätze. Wenn Glück und Geld ganz leicht und selbstverständlich zu dir kommen, so liegt das an der Art, wie dein Zauber die Welt berührt.

Alles ist Zauber; in jedem Sinne, im magischen wie im poetischen.

Der Schlüssel zur Zauberwelt liegt in deinem Herzen.

Es ist das Bewußtsein, ein Kind zu sein.

Ekstase

Suche immer die Ekstase; suche immer die Begegnung; suche immer den Zauber. Suche sie nicht in der Zukunft, sondern im gegenwärtigen Augenblick. Geh dorthin, wo die Kraft winkt; wo dein Herz Freude verspürt; sei es der angenehme oder der schwierige Weg.

Wo leuchtet etwas auf im gegenwärtigen Augenblick und berührt dein Herz? Dorthin wirst du gerufen. Was würdest du gerne tun im gegenwärtigen Augenblick? Tu es.

Zögere nicht; das Leben ist kurz. Du glaubst, daß es ewig dauert; aber es ist kurz. Viel zu kurz, um zu zögern, um Dinge auf morgen zu verschieben, die heute geschehen sollten; viel zu kurz, um zu jammern und sich zu beklagen.

Das Leben ist kurz! Es ist dein. Mache aus ihm dein Glück oder dein Unglück.

Wenn du den Weg gehst, den dein Herz dir weist, so machst du das Beste aus deinem Leben, was du daraus machen kannst.

Wenn du jedem Augenblick dein Herz weit öffnest, dann wirst du so reich an diesem Leben, wie du nur irgend sein kannst.

Wenn du jedem Menschen, der dir begegnet, dein Herz weit öffnest, dann lacht dir das Leben immer und überall.

Sei mutig! Nimm deine Angst in dein Herz auf und wage es, das Leben zu leben, das durch dich gelebt werden will.

Erwachen

In allem ist lebendige Liebe am Werk; in allem ist die Liebe anwesend. In jedem deiner Atemzüge, jeder deiner Regungen, in allem, was dir begegnet.

Sie wahrzunehmen, bedeutet Erwachen.

Ganzheit

Viele Menschen sehnen sich nach Ganzheit. Sie stellen sich Ganzheit als etwas vor, das in der Ferne liegt, in der Zukunft, ein Ziel, das anzustreben wäre.

Was, wenn deine Ganzheit hier und jetzt bereits Realität wäre? Stelle dir das einen Augenblick lang vor. Spürst du es? Spürst du die Wirkung dieses Gedankens? War da nicht ein winziger Augenblick von Erwachen? Ein Staunen? Eine Ahnung? Eine Verheißung? Ein Gefühl von »Oh ja, es könnte ganz anders sein«?

Es ist ganz anders. Du bist bereits ganz. Das Leben ist ganz. Dein Wesen ist ganz. Gott ist ganz. Die Liebe ist ganz. Du bist Teil von alldem; kein Fragment, kein abgespaltenes Teilweises; Teil der Ganzheit und als solcher selber ganz und unauflösbar in die Ganzheit verwoben.

Immer! Auch jetzt.

Schau dich um, schau dich an, schau in dich hinein: Dies ist deine Ganzheit im gegenwärtigen Augenblick. Wenn du in dich hineinschaust, erblickst du die Fülle deines wahren Wesens; die Ganzheit deiner selbst; wenn du dich anschaust, so erblickst du den gegenwärtig in deiner Individualität aktualisierten Ausdruck dieser inneren Fülle; und wenn du dich umschaust, erblickst du denjenigen Ausdruck der inneren Fülle des Ganzen, der im gegenwärtigen Augenblick in deinem individuellen Ausdruck nicht aktualisiert ist.

Morgen schon sieht das, was du erblickst, wenn du dich anschaust und wenn du dich umschaust, anders aus. Stetig wechselnder Ausdruck der Fülle, der Ganzheit deiner selbst.

Was dir fehlt in deinem individuellen Selbst, du findest es in deiner Welt; schau dich an und schau dich um, und du erblickst den lebendigen Ausdruck der Ganzheit deiner selbst im gegenwärtigen Augenblick. Du mußt nicht nach Ganzheit streben als nach etwas Zukünftigem, Fernen, am Ende einer langen Reihe von Entwicklungsschritten sich auftuend. Ganzheit ist hier, jetzt, immer, und alles, was du tun kannst, um sie zu finden, ist, sie wahrzunehmen – dich ihr zu öffnen.

Diese Öffnung, diese Wahrnehmung kann nur mit dem Herzen geschehen. Das Herz kann die Ganzheit erfassen. Es ist nicht dieselbe Ganzheit, die der Verstand sich zurechtzudenken versucht; es ist eine Ganzheit, die nur durch ganzes Erleben erfaßt werden kann, nicht durch reines Denken.

Wenn du diese Ganzheit nicht erfassen kannst, so lasse nur diesen Gedanken in dich einsinken, solange, bis er die in dir schlummernde Wahrheit berührt und zur eigenen Erkenntnis wird:

Ganzheit ist jetzt, hier, immer.

Du bist bereits ganz.

Teil III

Wahrheit

Heil bist du, heilig und ganz von Anbeginn der Zeit an. Du warst nie etwas anderes und wirst nie etwas anderes sein. Entstanden aus Liebe, eingebettet in Liebe, getragen und beschützt von Liebe bist du immer und unter allen Umständen, wie schwierig sie auch sein mögen.

Es gibt nur einen Weg, dich davon zu überzeugen: Öffne dein Herz der Liebe. Wage es, zu lieben: dein Leben samt allem, was darinnen ist; dich selbst samt allem, was du bist, denkst, fühlst und wünschst; deine Gefährten; und jedes Wesen, das dir begegnet.

Es ist ein Wagnis. Es mobilisiert Angst. Die Angst, alles aufgeben zu müssen, was dir Schutz und Sicherheit bietet. Deine Vorstellungen, deine Schutzmauern, deine Verteidigungskämpfe, deine Meinungen, dein Urteil, deine Ansprüche, dein Recht, ja letztlich sogar dein Ich oder jedenfalls das, was du dafür hältst.

Es gibt keine größere Angst als die Angst vor der Liebe; denn die Angst vor der Liebe ist die Angst vor dem Tod des Ich.

Und tatsächlich verlangt die Liebe dir alles ab; alles nimmt sie dir fort. Nichts bleibt dir, was du dein eigen nennen kannst; nicht einmal das einzige, was dir bleibt, kannst du dein eigen nennen, die Liebe selbst.

Denn nicht die Liebe gehört dir, sondern du gehörst der Liebe.

Und doch gibt es kein größeres Glück, keine größere Freiheit, keine größere Freude, ja Seligkeit, als alles aufgegeben zu haben und einzig der Liebe zu dienen.

Der Weg zur Liebe besteht nicht darin, lieben zu lernen, sondern Wahrheit zu sein.

Denn nicht du bist es, der liebt; die Liebe gehört nicht dir und kommt nicht aus dir; es ist auch nicht besonders wichtig, ob du das Gefühl ›Liebe‹ in dir empfindest; du bist es, der der Liebe gehört. Die Liebe will dich rein, ganz und wahr. Nur wenn du ganz du selbst bist, in aller Reinheit und Wahrhaftigkeit, bist du ein brauchbares Werkzeug der Liebe.

Liebe ist die Wahrheit, die allem zugrunde liegt.

Deshalb: Trachte nicht nach Liebe, sondern nach Wahrheit. Der Weg der Wahrheit ist gerade und klar; die Nüchternheit und Schlichtheit der Wahrheit schleift deine Lügen und Schnörkel ab und bringt dein wahres Wesen hervor.

Bemühst du dich aber zu lieben, so fällst du in etliche Fallen: Scheinheiligkeit, Selbstgerechtigkeit, Überheblichkeit, falsche Güte, Unechtheit, Unzufriedenheit, Frustration und Groll.

Laß das Bemühen sein; laß der Liebe ihren Lauf; sei einfach und wahr und rein.

Besser kann die Liebe wirken in ehrlichem Zorn als in falscher Nachsichtigkeit; besser in echtem Groll als in bemühter Vergebung.

Der Weg der Wahrheit ist ein großes Wagnis, wenn dir Vertrauen und Gewißheit fehlen. Es könnte ja sein, daß die Wahrheit schlecht, zerstörerisch, schädlich ist; es könnte ja sein, daß nicht Liebe, sondern Chaos der gesamten Realität zugrunde liegt und daß Liebe etwas ist, das man erst herstellen, hervorbringen, erzeugen muß, um die eigentliche Wirklichkeit – Chaos und Katastrophe – in etwas Gutes und Sinnvolles zu verwandeln.

So oder ähnlich sprechen Zweifel, Angst und Mißtrauen. Gehe nicht mit einem besserwissenden Lächeln darüber hinweg; prüfe ehrlich und gründlich, ob diese Angst, dieser Zweifel, dieses Mißtrauen in dir vorhanden sind. Nimm sie ernst! Habe Respekt vor deiner Angst und deinem Mißtrauen! Schließe sie ins Herz.

Wischst du sie fort, so verstecken sie sich und beherrschen dich aus dem Untergrund.

Du wirst nicht deshalb glauben oder vertrauen, weil irgendwo geschrieben steht, du könnest und sollest vertrauen; du wirst nur dann vertrauen und glauben, wenn du in diesen Worten Wahrheit findest und wenn diese Wahrheit dein Herz berührt.

Dein Herz kennt die Wahrheit; und es erkennt sie wieder, wenn sie in Worten, die dir begegnen, aufblitzt.

Vertraue keiner Instanz außer deinem eigenen Herzen.

Wenn du die Wahrheit finden willst, dann gehe nicht nach deinen Kenntnissen, nicht nach deinen Erfahrungen, nicht nach deinen Vorlieben und Abneigungen, sondern einzig und allein nach deinem Herzen.

Dein Herz *weiß*; es braucht keinen Mittler, um zu wissen. Es weiß unmittelbar. Du empfindest dieses Wissen, und sei es für den Bruchteil eines Augenblicks, mit deinem ganzen Wesen; deshalb nennt man es »Gefühl«. Dein Herz fühlt die Wahrheit; aber dieses Fühlen ist keine Emotion; es ist ein unmittelbares Erfassen der Wahrheit mit dem ganzen Wesen.

Wenn Wahrheit dein Leitfaden ist, bist du immer bereit, zu wachsen, zu lernen, dich zu erweitern und zu öffnen. Du wirst dir niemals erlauben, allzulange an einem Groll, einer Gewohnheit, einem Verlangen festzuhalten; Wahrheit treibt dich, deine Augen zu öffnen, deinen Gesichtskreis zu erweitern, tiefer zu graben und weiter zu gehen.

Der Weg der Wahrheit ist der Weg der Liebe.

Ausklang

Bemühe dich nicht! Strenge dich nicht an! Kämpfe nicht und plage dich nicht ab! Mit alldem erreichst du die Liebe nicht.

Befreie nur dein Herz. Befreie es von allem, was es bedrückt, einengt, belastet, begrenzt, einsperrt und verdunkelt! Befreie es Schritt für Schritt, indem du dich der Gefühle, aufgrund derer du dein Herz verdunkelst, ummauerst, verbirgst und beschwerst, annimmst wie deiner allergeliebtesten Kinder und sie an den warmen Busen deines Mitgefühls drückst. Befreie dein Herz von allen Vorstellungen, Vorschriften und Verboten, die sein natürliches Streben und Wünschen und seinen natürlichen Ausdruck behindern.

Das kostbarste, das kraftvollste, das geeignetste Instrument zur Erleuchtung, Erweckung, Befreiung, Veredelung oder was auch immer dein spirituelles Ich für erstrebenswert hält, besitzt du bereits: Es ist dein eigenes Herz. Es ist schlicht und einfach das, was du bist in deiner nackten Wahrheit als fühlendes Wesen. Du brauchst nichts anderes als deine nackte Wahrheit, um zur Erleuchtung zu gelangen, denn alles ist bereits in dir, von Augenblick zu Augenblick und von Ewigkeit zu Ewigkeit.

Nicht ein ferner Gott wird dir die Erlösung bringen; nicht das strengste Befolgen geistiger Regeln; nicht das allergrößte Mühen und Plagen und Dienen – nur dein eigenes Herz. Vorbei ist die Zeit, da der Mensch Erlösung und Erleuchtung für hohe ferne Ziele hielt, nur durch lebenslanges Mühen, am besten an abgeschiedenen Orten, erreichbar. Das Kleine, Einfache, Unmittelbare wird zum größten Ideal; kein fernes, ein nahes Ideal, da immer gegenwärtig.

Die neue Religion ist die Religion des Herzens; ihr Gott ist der eine, der in allen Herzen wohnt; sein Name ist: Wahrheit; seine tiefinnerste Natur: Liebe.

Dieser Gott ist kein fernes Ideal mit bestimmten Eigenschaften; dieser Gott *wird* in den Herzen, und dadurch kommt der Himmel auf die Erde, daß er in den Herzen entdeckt wird.

Der Himmel muß nicht erst hineingebracht werden ins Herz; er muß nicht erarbeitet werden; er existiert bereits auf dem Grunde eines jeden Herzens: Er ist die innere Realität des Herzens selbst.

Deshalb: Befreie dein Herz; lebe seine Wahrheit; folge seiner Stimme; und du bist ein Kind des Himmels mitten auf der Erde.

Kein Heiligenschein wird sichtbar sein um dein Haupt, denn die Wahrheit deines Herzens wird nicht zu jeder Zeit darin bestehen, daß du Verletzte pflegst, Arme fütterst und deinen Feinden vergibst; all das kommt zu seiner Zeit. Es gibt aber auch Zeiten, in denen die Wahrheit deines Herzens dich dazu treiben wird, nach weltlichen Gütern zu streben, dich um dich selbst zu kümmern oder Mitmenschen, die dir Raum nehmen oder dich oder andere schädigen, energisch in ihre Grenzen zu verweisen.

Wenn das Herz sich frei ausdrücken darf und in seinem Streben nicht behindert wird, so lebt der Mensch in seiner Wahrheit, und ein großes Aufatmen geht durch diesen Menschen wie durch die gesamte innere Welt, wenn ein Mensch beginnt, in seiner Wahrheit zu leben. In die Wahrheit einzutreten bedeutet Befreiung; und wenn eines sich befreit, so befreit sich in diesem einen das Ganze; und alles, was ist, atmet ein wenig freier.

Deshalb wagt es, euch zu befreien, wenn diese Worte euer Herz berühren; wenn nicht aus Liebe zu euch selbst, so doch aus Liebe zum großen Ganzen, das ihr anbetet und dem euer tiefstes Sehnen und Streben gilt – dem Geliebten aller Seelen, der Liebe selbst!

Nachwort

Nun, da die letzte dieser Inspirationen niedergeschrieben, korrigiert und zum Druck vorbereitet ist, muß ich und werde ich dasselbe tun, was hoffentlich der Leser auch tun wird: mir Seite für Seite vorknöpfen, um in meinem eigenen Leben damit zu arbeiten. Natürlich habe ich das getan, mit jedem Text, den ich erhielt, und besonders mit jenen, deren Thema eines war, mit dem ich gerade zu kämpfen hatte; aber ich mußte weiterschreiben, zum nächsten Thema übergehen, und genauso wird es wahrscheinlich meinen Lesern gegangen sein: Sie haben sich gesagt »Oh ja, das muß ich mir merken«, und dann weitergelesen. Ich kenne das.

Was ich damit sagen will, ist: Sie müssen bitte nicht glauben, daß ich mich auf der Höhe befinde, von der diese Texte kommen; diese Höhe ist mir lediglich – wunderbarerweise – zugänglich, doch bin ich weit davon entfernt, sie in mein Leben und meine Persönlichkeit integriert zu haben. Ich bin kein Meister, sondern ein Medium.

Ich hatte vor, zur besseren Praktizierbarkeit eine Brücke zu bauen, indem ich in meinem Nachwort einige der in diesem Buch enthaltenen Kernlehren sozusagen für den Hausgebrauch übersetze. Mit jedem Satz dieses Nachworts, das Belehrungen enthielt, wie man es machen solle, fiel mir aber unangenehm auf, wie weit ich selber davon entfernt bin, das, was ich da empfehle, zu meistern, und so unterlasse ich es. Möge der Leser sich von den Botschaften des Buches inspirieren lassen und seinen eigenen Weg finden, sie in die Praxis umzusetzen.

Nur den Teil meines Nachworts, der ganz offenbar inspiriert ist, habe ich aus dem Papierkorb gerettet, und mit ihm ende ich:

Das Herz hat sein eigenes Leben und seine eigene Wahrheit. Wenn der ganze Mensch diesem Leben und dieser Wahrheit angeschlossen ist, ist er eins mit sich. Wenn er die Wahrheit und das Leben seines Herzens in sich eingekapselt hat, um sie von seinem Bewußtsein zu trennen, so existiert sie trotzdem, aber er nimmt es nicht wahr. All sein Tun und Denken ist dann unwahr, und seinem Leben fehlt es an Tiefe, Schönheit und Kraft. All seine Liebe ist dann ein Versuch, seiner eigenen Nicht-Liebe, die aus der Trennung von seinem Herzen entsteht, zu entfliehen.

Aber es gibt keinen Weg zur Liebe, der nicht durchs Herz führt. Bevor der Mensch die Liebe finden kann, die er ersehnt, muß er sein eigenes Herz finden; und mit ihm seine verschüttete innere Wahrheit samt allen Leiden und Schmerzen, samt all dem Schrecklichen, das er in seinem Herzen vor dem Licht der Bewußtheit verborgen hält.

Dabei brauchen Schmerz und Leid, Trauer und Verwundung, Wut und Groll und Haß nichts anderes als Licht – eben dieses Licht der Bewußtheit, des Verstehens, um ihren Schrecken zu verlieren und sich umzuwandeln in Liebe.

Diese Umwandlung von Gefühlen, diese Befreiung von innerem Gift kann nicht absichtlich vollzogen werden. Jeder, der versucht, mit seinem Willen beispielsweise Wut in Mitgefühl zu verwandeln, wird früher oder später feststellen, daß die Wut immer noch vorhanden ist, nur abgetaucht in den Untergrund, versteckt im Körper, weil sie dem Bewußtsein nicht erwünscht ist.

Nein, einfach das Licht der Bewußtheit und des Verstehens auf die Wut richten: das ist ein freundlicher, anerkennender, annehmender Akt, ein Akt der Liebe. Die Verwandlung geschieht von selbst durch Wahrnehmen und Annehmen, durch Liebe. Nicht Ablehnung heilt, sondern Annehmen.

Das ist die wunderbare Fähigkeit des Herzens. Das Herz, wenn man es läßt, kann gar nicht anders als wahrnehmen und annehmen. Annehmen heißt nicht: als gut bewerten; es heißt auch nicht, als etwas Bleibendes zu akzeptieren. Es heißt einfach, etwas anzunehmen als das, was ist.

Band 70115

Eluan Ghazal

Yoni und Lingam

Liebevoll und zärtlich, aber zugleich kritisch und informativ öffnet die Soziologin ELUAN GHAZAL ein Panorama von Ritualen, in denen Phallus und Vulva gefeiert und geschmückt werden. Beschreibungen von Fruchtbarkeitstänzen, heiligen Hochzeiten, und feierlichen Deflorationen der alten Kulturen zeigen deutlich, wie sehr wir inzwischen den Bezug zu einer erfüllenden, weil heiligen Erotik verloren haben. In dieser Kulturgeschichte des Geschlechtlichen befinden wir uns auf den Spuren der verlorenen sakralen Intimität, in der der Archetypus des weiblichen (Yoni) und der des männlichen (Lingam) bewußt verarbeitet werden und zu einer Erfüllung des erotischen Lebens führen.

*Abendländisches
Geheimwissen*

Band 70104

**Victoria Ransom/
Henrietta Bernstein**

Das Orakel
der Weisen Frau

»Das Orakel der Weisen Frau« basiert auf der religiösen Tradition der eleusischen Mysterien, die vor über 3000 Jahren im griechischen Attika gefeiert wurden. Die Weisheit des Orakels hilft uns dabei, den Weg zu einer spirituellen Evolution einzuschlagen. Gleichzeitig werden wir darüber aufgeklärt, wer wir sind und wer wir sein könnten, wenn Frau und Mann sich darauf besinnen würden, schöpferisch und bewahrend das Leben zu gestalten, so daß wirkliche Humanität und individuelles spirituelles Wachstum jede Art von Zerstörung überflüssig machen.